I0708076

LENIN, MARTOV
Y LA REVOLUCIÓN
RUSA

LENIN, MARTOV
Y LA REVOLUCIÓN
RUSA

Cláudio de Oliveira

Gracias a Luiz Sérgio Henriques
por lecturas y sugerencias.
Y al profesor Ruy Fausto (*in memoriun*)
por el intercambio de ideas
y por las valiosas indicaciones bibliográficas.

Fotos de la portada: Vladimir Lenin y Julius Martov; Astrojildo Pereira y Cristiano Cordeiro.

CONTENIDO

1 – PRESENTACIÓN

Los artículos aquí reunidos buscan rescatar el pensamiento de Julius Martov, líder de los mencheviques, ala de socialistas moderados del Partido Obrero Socialdemócrata Ruso (POSDR). Martov fue el principal rival de Vladimir Lenin, el jefe de la Revolución Rusa de 1917 y líder bolchevique, la facción de los radicales que, en 1918, se constituiría en el Partido Comunista de la Unión Soviética.

Inmediatamente después de la toma de poder por los bolcheviques, Martov propuso un gobierno de unión de todos los socialistas rusos, rechazado por Lenin. Con la guerra civil, Martov apoyó al Ejército Rojo contra el Ejército Blanco, de generales zaristas. A pesar del apoyo al naciente gobierno soviético en el combate a la contrarrevolución, el menchevique se opuso a la dictadura bolchevique.

Martov y Lenin comenzaron la militancia juntos en la Liga de Lucha por la Emancipación de la Clase Obrera de San Petersburgo en 1895, y ambos participaron en la organización del POSDR, en 1898. Pero pronto, en 1903, surgieron divergencias entre los dos amigos. Lenin estableció la autodenominada "dictadura del proletariado", una concepción autoritaria de socialismo, mientras que Martov permaneció fiel a las ideas de un socialismo democrático.

Exiliado en Alemania en 1920, Martov se articuló con Karl Kaustky, entonces del Partido Independiente Social Demócrata Alemán, y con Otto Bauer, del Partido Social Demócrata Obrero de Austria, para la fundación en 1921 de la Unión de Partidos Socialistas para la Acción Internacional, conocida como la Internacional de Viena. Ellos proponían una vía intermedia entre el comunismo y la socialdemocracia.

Las ideas de Martov contribuyeron a influir en el programa de reformas de los llamados austro-marxistas en Austria, que a su vez sirvieron de base para el Estado del Bienestar en Suecia. Así, fueron, aunque indirectamente, fuente de inspiración para que el Partido Comunista Italiano formulase, en la década de 1970, las tesis del eurocomunismo, de reconocimiento de la democracia como valor universal. El pensamiento de Martov aún repercutirá en la *Perestroika* (reestructuración), intento del último líder de la Unión Soviética, Mijaíl Gorbachov, de democratizar y modernizar el socialismo soviético a fines de los años 1980.

Para el historiador Eric Hobsbawm, la Revolución Rusa fue el acontecimiento político más importante del siglo XX. Según él, la toma de poder por los bolcheviques dio la escuadra de la política mundial hasta por lo menos 1991, cuando entonces la Unión Soviética fue disuelta.

La Revolución Rusa favoreció el crecimiento de las izquierdas, especialmente en Europa. Crecieron no sólo radicales de los partidos comunistas, sino también socialistas moderados. En noviembre de 1918, el Partido Social Demócrata Alemán llegó al poder y promulgó la primera Constitución europea a establecer derechos sociales.

Para detener el ascenso de los socialistas, sectores de las clases dominantes pasaron a apoyar a la extrema derecha. Financiado por grandes empresarios, Adolf Hitler se convirtió en líder de Alemania en 1933. Su primero acto en el gobierno fue perseguir a partidos y sindicatos obreros. Después de la deflagración de la II Guerra Mundial en 1939, la Unión Soviética tuvo una participación decisiva en la derrota del nazismo. Fue una de las dos superpotencias que emergieron de la II Guerra Mundial y que, junto con Estados Unidos, dividieron el mundo en zonas de influencia.

Brasil fue afectado por todos estos acontecimientos. La coyuntura de la victoria del fascismo y del debilitamiento de la democracia liberal en el mundo, especialmente con la crisis de 1929, llevó a la Revolución de 1930 y a la implantación de una dictadura en 1937. Igualmente, las derrotas de las dictaduras fascista en Italia y nazista en Alemania crearon condiciones políticas para la democratización de Brasil en 1945.

La guerra fría entre la Unión Soviética y los Estados Unidos balizó la política de la posguerra. El golpe de 1964, que implantó en Brasil un régimen autoritario, se realizó en el contexto de tensión entre las dos superpotencias y recibió el apoyo norteamericano. La oposición al régimen dictatorial proyectó líderes políticos como los ex presidentes Itamar Franco, Fernando Henrique Cardoso y Luiz Inácio Lula da Silva.

La Revolución Rusa sigue repercutiendo. El régimen de Cuba y su influencia en Venezuela, así como el capitalismo de Estado en China, con sistemas monolíticos de poder, dan prueba de la supervivencia de las ideas bolcheviques.

Mucho se ha dicho que la historia es contada por los vencedores. En la Revolución Rusa, los ganadores fueron los bolcheviques. Según su versión, ellos derrotaron a los enemigos del pueblo. Esta versión bolchevique generó la versión contraria: todos aquellos que apoyaron a la Revolución Rusa fueron enemigos de la democracia. Sin embargo, un examen más preciso de los acontecimientos de 1917 mostrará que, en medio de tal polarización, había varios matices políticos. Una de ellas, el ala de los mencheviques internacionalistas liderada por Julius Martov. A pesar de minoritaria, su posicionamiento sugiere que el antagonismo comunismo versus democracia podría ser sustituido, tal vez, por la alternativa del binomio democracia y socialismo.

En Brasil, el debate de la relación de los socialistas con la institucionalidad democrática en la promoción de reformas sociales continúa en el orden del día. Espero que los textos aquí recogidos, aunque en visión panorámica, puedan atizar la curiosidad, sin prejuicios, por el pensamiento democrático de Julius Martov. Y que sus valores contribuyan a un mundo mejor.

Cláudio de Oliveira, febrero de 2018.

2 - EL CIERRE DE LA CONSTITUINTE EN RUSIA DE 1918

El cierre de la Asamblea Constituyente en Rusia, el 19 de enero de 1918, fue el pecado original de los bolcheviques [1]. Tal hecho marcó definitivamente el ADN del régimen soviético con el gen del autoritarismo. Los bolcheviques tomaron el poder el 7 de noviembre de 1917. Al día siguiente, durante el II Congreso de los Soviets, definieron que el gobierno sería ejercido por los consejos (soviets, en ruso) de representantes de obreros, campesinos, soldados y marineros, surgidos en 1905. Decidieron también mantener la elección a la Asamblea Constituyente, convocada anteriormente por el gobierno provisional del trudovique [2] Alexander Kerensky, derribado por la insurrección.

Se realizó la elección a fines de noviembre, pero el victorioso fue el Partido Socialista Revolucionario (SR) [3], con el 40% de los votos. Los bolcheviques conquistaron el 24%, los liberales del Partido Constitucional Democrático (kadetes) recibieron el 5% y los socialistas mencheviques obtuvieron sólo el 3% [4]. En minoría, los bolcheviques cerraron la Constituyente. Había una expectativa negativa en relación a la aceptación de la Constituyente por los bolcheviques. En abril de 1917, Vladimir Lenin, su líder mayor, propuso "todo el poder a los soviets". En vez de eso, SR, mencheviques y kadetes defendían todo el poder a la Constituyente. Según ellos, una asamblea elegida democráticamente tendría legitimidad y soberanía para definir los órganos de poder del país.

Desde el cálculo de los resultados electorales hasta la instalación de la Asamblea Constituyente, prevista para el 18 de enero de 1918, diversos hechos indicaban que los bolcheviques no estaban dispuestos a aceptar los resultados electorales. Hubo un aplazamiento del inicio de los trabajos constituyentes. El partido de los kadetes y los periódicos liberales fueron cerrados, acusados de representar la "reacción burguesa" a la revolución. A continuación, los periódicos de los SR también fueron prohibidos. El Consejo de Comisarios del Pueblo, dominado por bolcheviques y sin consultas a los soviets, publicó un decreto que daba a sí mismo poderes para casar a diputados de la Constituyente. A principios de diciembre, el Comité Militar Revolucionario invadió el Palacio Tauride, lugar donde se organizaban los preparativos para la apertura de la asamblea, y arrestó a tres comisarios electorales. No sólo los líderes de los kadetes fueron arrestados. Los diputados socialistas fueron detenidos, entre ellos Victor Chernov, presidente del partido de los SR, y varios líderes mencheviques, como Irakli Tsereteli, elegido a la Constituyente.

Ante estos hechos, los partidos de la oposición crearon la Unión por la Defensa de la Asamblea Constituyente y realizaron un acto en ese mes, con una participación de unas 50.000 personas, entre estudiantes, funcionarios públicos, profesionales liberales y obreros. El 18 de enero, día de la instalación de la asamblea, Petrogrado amaneció bajo el estado de sitio. La ciudad estaba bajo ley marcial, manifestaciones políticas fueron prohibidas y barricadas y piquetes rodeaban las cercanías del Palacio Tauride. Por la mañana, la oposición organizó otro acto en apoyo a la Constituyente, con la presencia de aproximadamente 50 mil participantes. Soldados bolcheviques, escondidos en los tejados con ametralladoras, abrieron fuego contra la multitud, causando la muerte de diez personas y diversos heridos [5]. Por la tarde, en medio de la tensión, se abrieron los trabajos de la Constituyente, con las galerías tomadas por soldados armados, varios de ellos con rifles apuntados a los oradores, en gesto de intimidación. En la madrugada del día siguiente, con ayuda de los marineros de Kronstadt, de los carabineros de Letonia y de la Guardia Roja, los bolcheviques cerraron la Constituyente.

La toma de poder, la persecución a los adversarios, incluso a aquellos que hacían oposición pacífica, y el cierre de la Constituyente precipitaron la guerra civil, que se desarrolló hasta 1922, cuando entonces el Ejército Rojo, organizado por Leon Trotski, venció a los contrarrevolucionarios del Ejército Blanco, comandado por generales monarquistas que intentaban restablecer el zarismo, derribado por la Revolución de Marzo de 1917.

En el segundo semestre dc 1918, los bolcheviques se constituyeron en el Partido Comunista y los mencheviques continuaron como el Partido Obrero Socialdemócrata Ruso. En ese período, el nuevo régimen prohibió a los SR, acusados de participar en un atentado a Lenin, en la Plaza Roja. En 1921, proscribieron a los mencheviques, después de que éstos apoyaran las reivindicaciones de la Revuelta de Kronstadt, en el Báltico, de marineros que se insurgieron contra el autoritarismo del gobierno soviético. Tanto la mayoría de los SR como los mencheviques ya habían sido expulsados de los comités dirigentes de los soviets, que pasaron a ser controlados exclusivamente por los bolcheviques. A partir de entonces, se constituyó un régimen autodeclarado de "dictadura del proletariado", de partido único, el Partido Comunista, que perduraría hasta fines de los años 1980, época en que el pluripartidismo fue restablecido por Mijaíl Gorbachov.

La disolución de la Constituyente y la pérdida de la independencia de los soviets fueron criticadas por diferentes corrientes socialistas europeas, incluso de simpatizantes de los bolcheviques, como Rosa Luxemburgo, fundadora del Partido Comunista Alemán, asesinada por nacionalistas de extrema derecha en 1919. En su libro *La Revolución Rusa - Una Evaluación Crítica*, ella escribió que, si la Constituyente no representaba más el avance de la conciencia de los trabajadores y la correlación de fuerzas de la sociedad después de la Revolución de Noviembre de 1917, como decían los bolcheviques, entonces deberían convocar nuevas elecciones. No seu texto, a deputada do parlamento alemão declaró que "la libertad sólo para los partidarios del gobierno, sólo para los miembros del partido, por muchos que sean, no es libertad. La libertad es siempre la libertad para lo que piensa diferente". Para ella, Lenin no implantó la "dictadura del proletariado", sino una dictadura sobre el proletariado. La publicación póstuma del libro de Rosa Luxemburgo, en 1920, llevó a la expulsión del líder del PC de Alemania, Paul Levi, de la Internacional Comunista y su destitución de la jefatura del partido.

La experiencia soviética fue la razón de ser del movimiento comunista internacional; en los años de la posguerra se extendió por Europa Oriental, China, otros países de Asia y luego llegó a América Latina, con la Revolución Cubana de 1959. No por casualidad, todos estos países establecieron regímenes de partido único, de derecho y de hecho. Entre los comunistas, la excepción digna de mención fue el PC italiano, que ya en los años 1920 se opuso a la "bolchevización" del movimiento obrero. Antonio Gramsci, el más influyente teórico del PCI, saludó la Revolución Rusa de Noviembre de 1917, pero refutó el camino bolchevique de toma de poder y el modelo de la URSS como los únicos y universalmente válidos para todos los países del mundo. Para Italia, Gramsci propuso una vía democrática.

Los comunistas italianos comenzarían a distanciarse del socialismo soviético tras la invasión de Hungría en 1956 y romperían con el PCUS en 1968 con el sofocamiento del intento democratizante de la primavera de Praga con la invasión de Checoslovaquia por las tropas del Pacto de Varsovia. En Europa Occidental, la mayoría de los PC se integró a la vida institucional de sus países, convirtiéndose en importantes pilares del régimen democrático, pero continuó apoyando los regímenes autoritarios de la parte oriental del continente. A partir de 1989, una ola de manifestaciones barrió los regímenes de inspiración soviética del Este europeo. En 1991, la URSS colapsó, a pesar de los intentos de democratización y de reestructuración económica de Mijaíl Gorbachov.

El modelo de socialismo autoritario, con un Estado permanentemente policial - cuyo cumbre de la represión ocurrió en el período de Josef Stalin, de 1922 a 1953 - debería servir de alerta para sectores de izquierda que creen que es posible la igualdad social sin el respeto a las normas civilizadas de la democracia.

Notas

[1] *Bolcheviques*, partidarios de la mayoría en ruso, ala radical del Partido Obrero Socialdemócrata Ruso que, a partir de 1918, pasó a denominarse Partido Comunista.

[2] *Trudovique*, miembro del Partido Laborista, disidencia del Partido Socialista Revolucionario, surgido en 1905 y desintegrado tras la Revolución de Noviembre.

[3] Partido Socialista Revolucionario - prohibido durante la guerra civil. El ala derecha fue acusada de apoyar al Ejército Blanco. El ala izquierda, inicialmente participó en el gobierno soviético, pero fue excluida al oponerse al Tratado de Brest-Litovsky, de paz con Alemania.

[4] *Mencheviques*, ala moderada del Partido Obrero Social Demócrata Ruso, prohibido en 1921.

3 - JULIUS MARTOV Y LA REVOLUCIÓN RUSA

Julius Martov fue uno de los más prominentes personajes de la Revolución Rusa de 1917. Líder de los internacionalistas, facción de izquierda de los mencheviques, se opuso a la participación de los socialistas en los gobiernos provisionales tras la Revolución de Marzo y la abdicación del zar Nicolás II. También fue contrario a la permanencia de Rusia en la I Guerra Mundial. La continuidad en el conflicto agravó la crisis económica del país y la insatisfacción popular abrió el camino para la Revolución de Noviembre, cuando entonces los bolcheviques tomaron el poder, liderados por Vladimir Lenin.

El 8 de noviembre, día siguiente a la insurrección, durante el II Congreso de los Soviets - los consejos de representantes de obreros, campesinos, soldados y marineros -, Martov propuso la formación de un gobierno de unión de todas las corrientes del socialismo ruso para evitar la guerra civil.

Para la desesperación de Martov, la mayoría de los mencheviques y socialistas revolucionarios se retiró del encuentro en protesta contra el levantamento. El gesto dificultó la negociación apoyada por líderes bolcheviques como Grigori Zinoviev y Lev Kamenev. Sin embargo, la respuesta de la mayoría bolchevique a la propuesta de unión vino de León Trotski:

Las masas populares siguieron nuestro estandarte y nuestra insurrección es victoriosa. Y ahora nos dicen: Renuncien a la victoria, hagan concesiones, cedan. ¿A quien? Yo pregunto: a estos grupos deplorables que nos abandonaron o a quienes presentan tal propuesta? [...] Nadie en Rusia sigue al lado de ellos. Un acuerdo sólo puede ser firmado entre partes iguales [...]. Pero aquí no hay acuerdo posible. A aquellos que nos dejaron ya aquellos que nos aconsejan transigir, respondemos: Ustedes son corruptos miserables, su función ha terminado; van a donde deben ir - a la lata de basura de la historia.

Martov entonces se concentró en las elecciones para la Asamblea Constituyente, realizadas a finales de aquel mes. Sin embargo, los mencheviques obtuvieron una votación de apenas el 3%. Contrariando la arrogancia y el sectarismo de Trotski, los vencedores fueron los socialistas revolucionarios, con el 40% de los votos, al suplantar el 24% de los bolcheviques. Los liberales del Partido Constitucional Demócrata obtuvieron el 5% de los votos. En minoría y con ayuda de soldados que participaron de la insurrección, los bolcheviques cerraron la Constituyente.

Iniciada la guerra civil, Martov apoyó al Ejército Rojo contra la intervención extranjera y el Ejército Blanco, comandado por generales monarquistas. A pesar del apoyo al gobierno soviético en el combate a la contrarrevolución, el líder menchevique fue un crítico contundente de la represión generalizada, oponiéndose al cierre de periódicos liberales y a las persecuciones a los partidos que hacían oposición pacífica. Las posiciones de Martov indicaban la posibilidad de una alternativa democrática y socialista tanto al último gobierno provisional, liderado por el trudovique Alexander Kerensky, en cuanto a la dictadura comunista que siguió. La literatura sobre Mártov en portugués es casi inexistente. Después del fin de la Unión Soviética en 1991, se publicaron varios libros que revalorizaban su papel en la Revolución Rusa. Sin embargo, la obra fundamental sobre él fue publicada aún en 1967 por la Editora de la Universidad de Cambridge, del Reino Unido, en coedición con la Universidad de Melbourne, de Australia. Titulada *Martov – A Political Biography of a Russian Social Democrat,* es de autoría de Israel Getzler, profesor de la Universidad de Jerusalén.

a. La cuestión democrática

La obra de Getzler trae las polémicas entre Martov y Lenin, como la de 1903, durante el II Congreso del Partido Obrero Social Demócrata Russo, sobre la organización del partido: si es dirigido por un comité centralizado, pero abierto a la filiación de todos los que se adhieran a su programa, como defendido por Martov, o si por un círculo compuesto exclusivamente de revolucionarios profesionales, como quería Lenin. La propuesta ganadora fue la de Martov. El libro relata la acción posterior de Lenin para alcanzar la mayoría, pues, incluso venciendo en el Congreso, Martov y sus partidarios quedaron en minoría en el Comité Central, lo que causó la división del POSDR en dos alas: mencheviques (partidarios de la minoría, en ruso) y bolcheviques (partidarios de la mayoría).

La discusión sobre la forma de organización partidista revelaba dos cuestiones de fondo que marcarán todas las divergencias entre Martov y Lenin: la evaluación que hacían del nivel de desarrollo económico de Rusia y la concepción de cada uno sobre el Estado y la democracia. Lenin creía que el capitalismo en Rusia estaba suficientemente desarrollado para una revolución socialista y defendía un gobierno fuerte y centralizado - la "dictadura del proletariado". Martov evaluaba que el país no estaba suficientemente industrializado, poseía un operario pequeño y una gran masa de campesinos analfabetos. Propuso una estrategia democrática y reformista, como ya practicada por socialistas franceses y alemanes.

Tales diferencias quedarán profundamente marcadas con la llegada de los bolcheviques al poder, cuando los conceptos de democracia y "dictadura del proletariado" serán razón de controversias entre Lenin, Martov y Karl Kautsky, influyente teórico del Partido Socialdemócrata Alemán. Para estos dos últimos, la democracia era un valor intrínseco al ideario socialista. Para Lenin, sólo una formalidad. La visión leninista justificó la disolución de la Constituyente y la represión a todos los adversarios, de los liberales a los socialistas, como Martov.

Otra polémica se estableció a partir de 1914, con el inicio de la I Guerra Mundial y el colapso de la II Internacional, la organización que congregaba a los partidos socialistas europeos, disuelta en 1916. Varios de aquellos partidos tomaron posiciones nacionalistas en apoyo al esfuerzo de guerra de sus partidos sus países, mientras que otros se opusieron al conflicto. El más influyente de todos ellos, el Partido Socialdemócrata Alemán, votó por los créditos de guerra, alegando que el Imperio Alemán se defendía de las agresiones del Imperio Ruso. Mencheviques como Georgi Plejanov, uno de los introductores del marxismo en Rusia, también tomaron posición nacionalista, creyendo que la derrota de Alemania sería la victoria de Inglaterra y Francia y, por tanto, de los valores democráticos.

Sin embargo, Martov formó un ala del POSDR contra la guerra, pasando su facción a ser denominada internacionalista. Esta vez, Martov y Lenin se quedaron al mismo lado, al considerar el conflicto una disputa entre las potencias europeas, ajena a los intereses de los trabajadores. Pero había una diferencia: mientras Lenin proponía transformar la guerra imperialista en guerra civil de la clase obrera contra las clases dominantes, Martov defendía una propuesta pacifista de armisticio inmediato, sin anexiones y reparaciones.

La aproximación entre mencheviques y bolcheviques llevó a un intento de reunificación del POSDR, deseada por Martov. Al final, él había iniciado su militancia al lado de Lenin, ambos con poco más de 20 años de edad, cuando juntos fundaron, en 1895, la Liga de Lucha por la Emancipación de la Clase Obrera de San Petersburgo, iniciando una amistad y admiración mutuas. La Liga creó las bases para que ambos participasen en la organización del POSDR en 1898. Estuvieron juntos en la redacción del *Iskra* (chispa), el periódico del partido, y compartieron el exilio en Siberia y en varios países de Europa occidental. Pero la unión entre las dos alas no prosperó, para la decepción de Martov, retratado en la biografía como sentimental, indeciso, incapaz de deslealtades: el opuesto de Lenin. De moral y ética rígidas para los patrones bolcheviques, Martov pidió la expulsión de militantes con participación en robos a bancos para financiar la actividad partidista. En 1918, denunció públicamente a Josef Stalin por la participación en un asalto, en 1907, en la capital de Georgia, Tiflis, en acción desastrosa que habría dejado varios muertos.

Después de la Revolución de noviembre de 1917, Martov conquistó la mayoría en el Comité Central del POSDR, en oposición al ala derecha del partido, representada por Fyodor Dan, Pavel Akselrod e Irakli Tsereteli.

En 1919, los mencheviques habían resuelto aceptar el gobierno soviético, aplazar la batalla por la convocatoria de la Constituyente, protestar contra el vaciamiento de los poderes de los soviets y luchar para transformarlos en órgano de poder democrático y parlamentario.

A pesar de entonces oponerse a la contrarrevolución, el partido menchevique sufrió la represión de los bolcheviques, alternando momentos de legalidad, proscripción y semiclandestinidad, hasta ser definitivamente prohibido en 1921, al defender las reivindicaciones de la revuelta de los marineros bolcheviques del Kronstadt. El periódico menchevique *¡Avante!* se ha cerrado varias veces. El propio Martov se quedó en prisión domiciliaria por cinco días, y sólo habría escapado de la represión de Cheka, la policía secreta que precedió a la KGB, por protección de Lenin. En el momento de la proscripción del POSDR, Martov estaba en Alemania para tratamiento de salud.

b. Inspiración para la NEP

Con la desilusión de muchos obreros tras el fracaso económico del "comunismo de guerra", período en el que todos los sectores de la economía fueron estatizados y el Estado monopolizó la compra de la producción agrícola e impuso bajos precios a los productores, causando desabastecimiento y hambre, los mencheviques han logrado algunos éxitos en las elecciones de los soviets locales.

A principios de 1920, presentaron el nombre de Martov para la elección al soviet de Moscú, y para confrontar al líder menchevique, los bolcheviques presentaron la candidatura de Lenin. Durante una votación entre obreros en una fábrica de productos químicos, Martov obtuvo 76 votos contra ocho otorgados a Lenin.

La acción de Martov y de sus partidarios no fue sólo crítica, como también propositiva. En julio de 1919, en medio de la guerra civil y la grave crisis económica, los mencheviques presentaron un programa económico alternativo al "comunismo de guerra". Defendieron un régimen de economía mixta, en el que el sector estatal debería convivir con el sector privado. Según el programa, sólo sectores clave de la gran industria deberían ser nacionalizados.

Los mencheviques propusieron que los campesinos deberían decidir libremente sobre producción y precios y el Estado debería negociar acuerdos con cooperativas para el abastecimiento de las ciudades, entre otras medidas. Geztler sugiere que tal programa sirvió de base para que Lenin formase en febrero de 1921 la Nueva Política Económica, la NEP, en sustitución del "comunismo de guerra", entonces motivo de huelgas y protestas.

Con la NEP, varias proposiciones de los mencheviques fueron adoptadas y medidas de mercado se introdujeron en la combalida economía soviética, incluyendo el permiso a la inversión extranjera. A pesar de la oposición de la izquierda bolchevique, encabezada por Trotski, Lenin logró aprobar la NEP y la defendió como un capitalismo de Estado, necesario para recuperar la economía y hacer una transición al socialismo.

El plan comenzó a sacar al país de la crisis y tuvo el apoyo de Nikolai Bukharin, un economista bolchevique que gradualmente pasó de posiciones políticas radicales a moderadas. Después de que Lenin se alejara del gobierno por motivos de salud, en la segunda mitad de 1921, Bukharin se convirtió en el principal defensor de la NEP e hizo oposición al plan de industrialización acelerada y colectivización forzada lanzado por Stalin en 1928. Bukharin fue fusilado en los expulgos en la década de los años 1930.

c. La tercera vía

En 1920, Martov fue autorizado a dejar a Rusia para tratamiento de salud en Alemania y participar en la convención del Partido Independiente Social Demócrata Alemán (cuya sigla en alemán era USPD), en la ciudad de Halle. En ese año, el USPD había sido el segundo partido más votado, con el 17,9% de los votos, bajo sólo el gobernante Partido Socialdemócrata Alemán, el SPD, que conquistó el 21,7%. Martov fue invitado por los moderados del USPD para convencer a los socialistas alemanes a no adherirse a la Internacional Comunista (IC), la III Internacional, creada en 1919 por Lenin, y que estimuló a los radicales de los partidos socialistas a fundar los partidos comunistas.

Para hacer el contradictorio con Martov, el ala izquierda del USPD invitó al presidente de la IC, Grigori Zinoviev. Con la salud perjudicada y la voz débil, Martov no pudo terminar de leer su discurso, concluido entonces por uno de los presentes. La propuesta de adhesión a la IC ganó el apoyo de 236 contra 150 de los convencionales y el ala izquierda se adhirió al PC alemán. Sin embargo, tres cuartos de la bancada de 81 diputados permanecieron en el USPD.

Como resultado de la intervención de Martov, el USPD se articuló con el Partido Socialdemócrata Obrero de Austria y otros para fundar en enero de 1921 la Unión de Partidos Socialistas para la Acción Internacional, conocida también como la Internacional de Viena o la Internacional Dos y Medio, que buscó una vía intermedia entre el comunismo de la III Internacional y la socialdemocracia de la II Internacional. Martov formó parte de la dirección de la Internacional de Viena junto a líderes socialdemócratas de Austria, como Otto Bauer.

Llamados de austro-marxistas, el programa de reformas sociales y económicas de los socialdemocratas austriacos influenciará posteriormente en la constitución del Estado del Bienestar en los países escandinavos. Y también inspirará en la década de 1970 Enrico Berlinguer, secretario general del PC italiano, a formular el eurocomunismo, con el que reconoce la democracia como valor universal y oficializa el rompimiento de los comunistas italianos con el modelo soviético. La Internacional de Viena existió hasta 1923, cuando se fusionó a la II Internacional, reorganizada en 1920, para crear la Internacional Obrera y Socialista.

Martov murió en Alemania en abril de 1923, meses antes de cumplir los 50 años de edad, víctima de tuberculosis. En 1922, Lenin había sufrido un primer accidente cerebrovascular. Al alejarse del poder, ahora bajo el mando de Stalin, paralizado del lado izquierdo y con dificultades de hablar, Lenin habría intentado reconciliarse con Martov. En silla de ruedas, solía apuntar a libros de Martov en su estante y pedía que un conductor lo llevara hasta él. Geztler cita a *Reminiscencias de Lenin*, libro de memorias de Nadezhda Krupskaya, mujer del fundador de la Unión Soviética, para describir el abatimiento de él al recibir la noticia de la gravedad de la enfermedad del antiguo amigo y camarada: "Vladimir Ilyich estaba seriamente enfermo cuando me habló una vez con mucha tristeza: 'Dicen que Martov está muriendo también'". Lenin murió en enero de 1924 a los 53 años, menos de un año después de Martov.

En Brasil, la inexistencia de obras de y sobre Martov contrasta con la profusión de biografías y de libros de autoría de Lenin, sosteniendo la persistencia de la influencia del leninismo en parcelas expresivas de la izquierda brasileña. En un momento en que sectores izquierdistas en América Latina flirte con soluciones autoritarias, el rescate de Martov y sus ideas democráticas tal vez fuera útil al debate público.

4 - EL PLAN MENCHEVIQUE Y LA NEP DE LENIN

En julio de 1919, el Partido Obrero Socildemócrata Ruso, llamado de menchevique, presentó un plan con el objetivo de sacar a Rusia de una profunda crisis política, social y económica. Las dificultades venían del agotamiento provocado por la I Guerra Mundial. En noviembre de 1917, la crisis se había agravado con la toma de poder por los bolcheviques. En minoría, habían cerrado la Asamblea Constituyente, elegida al final de ese mes. Después, colocaron en la ilegalidad al Partido Constitucional Democrático y llevaron al país a la guerra civil. A continuación, el Partido Socialista Revolucionario fue proscrito, acusado de apoyar la contrarrevolución.

En 1918, los bolcheviques - la ala radical del POSDR que, a su vez, funcionaba como partido independiente - se habían convertido en el gobernante Partido Comunista.

Los mencheviques del POSDR, ahora comandados por Julius Martov, líder de la facción de izquierda denominada internacionalistas, fueron tolerados. A pesar de ser crítico con la represión bolchevique, el POSDR apoyó al Ejército Rojo contra el Ejército Blanco, resolvió aceptar el régimen de los soviets (consejos de representantes de obreros, campesinos, soldados y marineros) y luchar para transformarlos en órganos de poder democrático y parlamentaria.

Con la guerra civil, los bolcheviques implantaron el "comunismo de guerra", de estatización total de la economía. Bajo el liderazgo de Vladimir Lenin, el nuevo gobierno distribuyó tierra, pero obligó a los campesinos a vender la producción a bajos precios exclusivamente para el Estado.

Las medidas del "comunismo de guerra" llevaron a la desorganización de la economía, causaron protestas de la población y revuelta de los campesinos, obligados a la entrega de los productos agrícolas en las requisiciones forzadas. Sumado a la sequía en el río Volga, la situación caótica llevó al desabastecimiento de las ciudades y se estima que cerca de cinco millones de personas murieron de hambre en 1921.

Ante la crisis, el POSDR había propuesto, aún en julio de 1919, un plan económico de emergencia, alternativo al "comunismo de guerra". Articulado por Martov y titulado "¿Qué hacer?", el plan fue elaborado por una comisión de mencheviques, algunos de ellos economistas, encabezada por Vladimir Gustavovich Groman, Fedor Andreevich Cherevanin y Lev Mijailovich Khinchuk, con las siguientes propuestas:

Medidas económicas

1. *Los campesinos deben retener, de forma colectiva o individual, según decidan libremente, las tierras públicas y privadas que se incautaron y dividieron en el momento de la revolución. Otras tierras, aún no distribuidas, deben ser arrendadas a largo plazo a campesinos necesitados y asociaciones campesinas, con excepción de las tierras en que la creación de modelos de cultivo a gran escala está siendo, y puede seguir siendo, realizada por el Estado o por los arrendatarios. Los decretos de abolición de los Comités de los Pobres deben ser efectuados sin excepción.*

Las comunas agrícolas no deben ser establecidos por la fuerza, directa o indirectamente. Los suministros, implementos agrícolas y semillas gubernamentales deben distribuirse de forma equitativa no sólo entre las comunas, sino también para todos los campesinos que las necesitan en comunas y tierras soviéticas.

2. *El presente sistema de abastecimiento de alimentos deberá sustituirse por otro en las siguientes bases:*

a) el Estado debe comprar granos a precios acordados, implicando una gran aplicación del principio de permuta; deben venderse a precios bajos para los residentes más pobres de la ciudad y del país, con el

Estado compensando la diferencia. El Estado debe hacer compras a través de sus agentes, cooperativas o comerciantes privados con base en comisión.

b) El Estado debe comprar, a un precio igual al costo de producción, una cierta proporción de los excedentes de granos mantenidos por los campesinos más desfavorecidos en las provincias más fértiles, siendo la proporción decidida con el consejo de representantes libremente elegidos del campesinado local.

c) El grano debe ser comprado por cooperativas y organizaciones de trabajadores, que deben, al mismo tiempo, superar los inventarios que adquirieron a los órganos gubernamentales vinculados al suministro de alimentos. El Estado mantiene el derecho de solicitar los suministros de grandes propietarios de tierras que deliberadamente los acumulan para fines especulativos. La logística de transporte está bajo el control primario del Estado, cooperativas y organizaciones de trabajadores. Todos los destacamentos contra los especuladores deben ser disueltos. La transferencia de productos alimenticios de una localidad específica no debe prohibirse, salvo en circunstancias excepcionales y por decisión de la legislatura central.

El Estado debe asistir materialmente y por medidas administrativas la transferencia de trabajadores y sus familias de lugares donde los alimentos son más escasos y su reasentamiento en áreas fértiles.

3. El Estado debe mantener el control de las principales empresas industriales que son fundamentales para la vida económica, como minas, planta metalúrgica, las principales ramas de la industria metalúrgica, etc. Sin embargo, en todos los lugares donde esto parece mejorar o animar la producción o la extensión de su variedad, se puede recurrir a la organización de tales empresas a través de una combinación de capital estatal y privado, por la formación obligatoria de un truste bajo el control del Estado o, en casos excepcionales, mediante concesión.

Si no hay perjuicio para la producción y si el control del Estado no es deseable por razones fiscales u otras, todas las otras grandes empresas industriales, en general, deben ser transferidas gradualmente a manos privadas, arrendadas a una cooperativa o un nuevo emprendedor o al otro, antiguo propietario, a condición de que aceptar la obligación de restaurar y organizar la producción. El Estado debe regular la distribución de combustible y materias primas para diferentes ramas de producción, empresas y áreas.

4. La industria a pequeña escala no debe, en ningún caso, nacionalizarse.

5. El Estado debe regular la distribución a diferentes áreas, de acuerdo con un plan fijo, de los principales artículos de consumo masivo, como textiles, implementos agrícolas, sal, materiales de iluminación, etc., con la ayuda de cooperativas y comerciantes privados.

6. Por lo que se refiere al comercio de otros artículos de la primera necesidad y también de lujo, el Estado debe abstenerse de imponer restricciones y debe permitir que las cooperativas y las empresas privadas funcionen libremente, excepto en los casos en que la reglamentación o incluso el monopolio es deseable debido a la escasez extrema del producto, por ejemplo suministros médicos.

7. El sistema de crédito debe reorganizarse para facilitar en todos los aspectos el uso en el comercio y la industria de fondos disponibles acumulados por los productores de la ciudad y del país y dar margen a la iniciativa privada en el comercio, la industria y la agricultura.

8. La represión de la especulación y los abusos comerciales deben dejarse ante los tribunales y regirse por disposiciones legales específicas. Todos los actos arbitrarios de requisición, confiscación y detención de bienes deben ser castigados. La ley debe proteger los derechos de propiedad en el caso de todas las empresas industriales y comerciales liberadas de la nacionalización. En el futuro, cuando la expropiación es exigida por el interés público, debe producirse sobre la base de una decisión de los órganos legislativos supremos y en las condiciones determinadas por ellos.

9. Los sindicatos de trabajadores, además de participar directamente en el trabajo de los órganos reguladores, son también y principalmente representantes de los intereses del proletariado en relación a los emprendedores estatales y privados. En esta última función, deben ser totalmente independientes de cualquier órgano estatal.

10. Las tasas salariales en las empresas estatales deben incrementarse y los tipos mínimos fijados para las empresas privadas de acuerdo con el nivel de precios de los bienes necesarios.

11. El Decreto sobre las comunas de los consumidores debe ser derogado. Las cooperativas de trabajadores y las cooperativas en general deben ser preservadas como organizaciones autónomas, sin la imposición de nombrados u otra interferencia en sus asuntos internos. También deben tener el derecho de ejercer actividades no comerciales, como la publicación, la educación, etc.

Medidas políticas

1. El derecho de votar por los miembros de los soviets debe ampliarse a ser elegidos por todos los trabajadores, con una cédula secreta y libertad de prospección de boca en boca y de prensa. Los Soviets y los Comités Ejecutivos deben ser sometidos a reelección a intervalos fijos. Los soviets no tendrán derecho a excluir a miembros o grupos individuales de su entorno por motivos políticos. Todos los funcionarios y organismos públicos deben estar subordinados a los soviets locales ya los Comités Ejecutivos centrales.

2. El Comité Ejecutivo Central de los Soviets debe una vez más funcionar como el supremo órgano legislativo y administrativo, siendo sus procedimientos abiertos a la observación pública. La ley no entrará en vigor sin ser discutida y aprobada por la CEC.

3. La libertad de prensa, de asamblea y de asociación debe ser restaurada, y cualquier parte que represente a los trabajadores tenga el derecho y tenga permiso para usar instalaciones para reuniones, materiales de papelería e impresoras, etc. Cualquier restricción de este derecho que pueda exigirse por la guerra contra la contrarrevolución debe ser establecida y claramente definida por la legislatura; no debe violar la libertad básica y debe ser aplicada sólo por los tribunales e instituciones bajo su control directo.

4. Los Tribunales Revolucionarios serán reorganizados de tal forma que los jueces sean elegidos por todos los trabajadores. Junto con sus comisiones de investigación subordinadas, ellos serán los únicos responsables del combate a la contrarrevolución. Todos los funcionarios deben responder directamente en acciones judiciales ante estos Tribunales por actos ilegales cometidos en el ejercicio de sus funciones, en el proceso de la parte perjudicada en cada caso. El terror será eliminado como un instrumento de gobierno; la pena de muerte será abolida y, igualmente, todos los órganos investigadores y punitivos independientes de los tribunales, como la Comisión Extraordinaria (Cheka).

5. Las instituciones y las células partidistas deben ser privadas de la autoridad estatal y los miembros de los partidos de todos los privilegios materiales.

6. El aparato burocrático debe ser simplificado por la extensión del gobierno autónomo local.

7. Una política de entendimiento debe ser perseguida en relación con las nacionalidades que, por cualquier motivo, se separaron de Rusia para poner fin rápidamente a la guerra civil y restaurar la unidad del Estado sobre la base de la autodeterminación nacional.

Los distritos cosacos - Don, Kuban, Tersa, Urales, Astrakhan, Orenburg, etc. - deben tener la mayor autonomía posible y no debe haber interferencia en sus asuntos internos o sistema de tenencia de la tierra. Siberia debería tener autonomía regional y la independencia de Finlandia y Polonia deberían ser reconocidas.

Comité Central del POSDR, 12 de julio de 1919.

Los bolcheviques argumentaban que fueron forzados a la estatización por la necesidad de defender la revolución durante la guerra civil. Pero posteriormente Nikolai Bukharin admitió que había una ansiedad para poner fin a la propiedad privada, una idea fija de los maximalistas, no sólo bolcheviques, sino también anarquistas, que, al principio, apoyaron la revolución. Hubo una evidente exageración: más de 2/3 de los emprendimientos industriales estatizados poseían menos de 15 obreros.

En una economía predominantemente agraria, la cuestión campesina necesitaba ser urgentemente resuelta: las requisiciones forzadas causaron revueltas en el campo; la falta de abastecimiento de las ciudades llevó a huelgas de obreros, base social de los bolcheviques. Sin embargo, fue la Revuelta de Kronstadt, en 1921, de marineros en el Báltico, hasta entonces uno de los fuertes sostenimientos militares de la revolución, que obligó a Lenin a abandonar el "comunismo de guerra" ya adoptar la Nueva Política Económica.

La NEP fue, en esencia, la parte económica del programa menchevique de 1919, cuyo concepto era el de un capitalismo de Estado como vía intermedia para el socialismo, habia tiempo defendido por la II Internacional. La NEP sufrió una fuerte oposición de la izquierda bolchevique, encabezada por Leon Trotski y el economista Ievguéni Preobrajenski. Pero la NEP logró sacar al país de la crisis y aseguró apoyo político al gobierno soviético, al permitir que los campesinos negociasen la mitad de su producción en el libre mercado, disminuyendo así el descontento en el campo.

Después de la muerte de Lenin, en 1924, Bukharin se convirtió en el principal defensor de la NEP. Él se opuso a su abandono por Josef Stalin, en 1928, al promover la industrialización acelerada y la colectivización forzada de las tierras, llevando al país a otra guerra civil. Bukharin fue fusilado en 1938 y rehabilitado 50 años después, en 1988, por Mijaíl Gorbachov. Por otra parte, el intento de sacar la economía soviética del estancamiento, en la segunda mitad de los años 1980, la llamada *Perestroika* (reestructuración), tuvo inspiración en la NEP. Como también las reformas económicas emprendidas por Deng Xiaoping, que han convertido a China en una potencia mundial. En 1978, China aún era un país agrario, como la vieja Rusia, y no por casualidad las reformas comenzaron en la agricultura, sector en que trabajaban el 90% de la población. Deng Xiaoping acabó con la colectivización de las tierras e introdujo la propiedad familiar, con apenas una parte de la producción vendida obligatoriamente al Estado.

En 1921, los mencheviques fueron favorables a las reinvindicaciones de los marineros de Kronstadt, pero no apoyaron la revuelta. Sin embargo, los bolcheviques nunca fueron dados a sutilezas. Acusado de anti-soviético, el POSDR fue entonces definitivamente prohibido de la vida pública, sus líderes fueron arrestados y varios de ellos fusilados en la década de 1930. Experiencias de economías mixtas, semejantes a la propuesta por los mencheviques, se pusieron en práctica en Suecia en los años 1930 y en la Europa occidental de la posguerra. Según el historiador británico Tony Judt, la combinación de los sectores público y privado fue uno de los factores determinantes para el éxito de la reconstrucción europea en occidente.

5 - LA REVOLUCIÓN RUSA Y EL FASCISMO

La revolución de noviembre de 1917 en Rusia y la de noviembre de 1918 en Alemania profundizaron la división de los militantes socialistas en dos corrientes principales: el movimiento comunista y la socialdemocracia. Para Palmiro Togliatti, líder del Partido Comunista Italiano, esta división facilitó la victoria del fascismo en varios países y especialmente del nazismo en Alemania.

La toma de poder en noviembre de 1917 fue una acción excluyente realizada por los bolcheviques. Ellos derribaron al gobierno provisional de Alexander Kerensky, formado por el Partido Laborista (trudovique) en alianza con el Partido Socialista Revolucionario (SR), el Partido Constitucional Democrático (kadetes) y los mencheviques del Partido Obrero Social Demócrata Ruso.

Vladimir Lenin, líder bolchevique, criticaba la represión del gobierno provisional a sus partidarios tras promover un intento de insurrección en julio. Al mismo tiempo, acusaba a Kerensky de no actuar con firmeza contra el general monarquista Lavr Kornilov, que había intentado un golpe de Estado en septiembre. Lenin argumentaba que el general Kornilov estaría en la inminencia de intentar otro golpe y por eso los bolcheviques actuaron.

Lenin refutó no sólo un gobierno en alianza con liberales. Rechazó también un gobierno de frente popular, de unión de todas las corrientes socialistas rusas, propuesto por el menchevique Julius Martov al día siguiente del levantamiento. Martov evalúa que un gobierno conjunto de bolcheviques, trudoviques, mencheviques y SRs tendría la fuerza necesaria para enfrentar la contrarrevolución kornilovista y evitar la guerra civil.

Lenin montó un gobierno casi exclusivamente formado por los bolcheviques, concediendo dos ministerios sin importancia al ala izquierda de los SRs. Se mantuvo la elección para la Asamblea Constituyente, anteriormente convocada por Kerensky. Sin embargo, los bolcheviques se quedaron en minoría al obtener el 24% de los votos, frente al 40% dado a los SR, el 5% a los cadetes y el 3% a los mencheviques. Ellos disolvieron la asamblea, prohibieron a los demás partidos e instituyeron un sistema unipartidista, dominado por el Partido Comunista de la Unión Soviética.

Según el historiador Eric Hobsbawm, había entre las corrientes socialistas moderadas de Europa buena voluntad con el nuevo gobierno soviético. Los socialistas evaluaron que los bolcheviques eran la única fuerza política capaz de organizar el caos en Rusia y que podrían realizar una política democrática y progresista. Sin embargo, les quitaron apoyo cuando Lenin decidió crear en 1919 la Internacional Comunista en oposición a la Internacional Socialista y alentar la disidencia de las alas radicales de los partidos socialistas para la fundación de los partidos comunistas.

Al organizar la insurrección en Rusia, Lenin y sus partidarios partieron del supuesto de que había una situación revolucionaria en Europa con la crisis provocada por la I Guerra Mundial. Entendían la revolución rusa como la chispa que detonaría el rastro de pólvora por todo el continente.

Para Lenin, la supervivencia del nuevo poder soviético dependía de la realización de la revolución mundial. Como los bolcheviques creían que los partidos socialistas habían abandonado el camino revolucionario, organizaron la Internacional Comunista. Trató de exportar la experiencia de la Revolución Rusa a Polonia, Hungría y Alemania, pero fueron derrotados. Ante el fracaso, en 1925, Nikolai Bukharin pasó a formular la posibilidad de construcción del socialismo en un solo país, después de todo, implementada por Josef Stalin.

a. La Revolución Alemana de 1918

Los bolcheviques, que pasaron a denominarse comunistas, culpaban a los socialistas moderados por el fracaso de la revolución mundial, en especial el Partido

Socialdemócrata Alemán (SPD, por sus siglas en alemán). Se observa que los socialdemócratas alemanes evaluaron que la realidad de su país era diferente de la situación de Rusia, país predominantemente agrario, de instituciones frágiles y de un empresariado industrial sin fuerza económica y política.

Alemania se había convertido, en 1900, en el país de mayor producción industrial del mundo, con una classe empresarial organizada y poderosa. Aunque el numeroso proletariado alemán también estaba bien organizado, apoyado en los sindicatos y en el SPD - entonces el mayor partido del país, cualquier intento de toma de poder en moldes bolcheviques encontraría resistencia del fuerte Ejército alemán, con el apoyo del gran empresariado.

Ante este hecho, el SPD optó por una estrategia reformista de acumulación de fuerzas dentro de la democracia representativa. La acción de la socialdemocracia alemana tendría más que ver con lo que Antônio Gramsci, dirigente del PCI, llamaría más tarde de "guerra de posiciones" que de "guerra de movimiento", implementada por los bolcheviques. Además, teóricos socialdemócratas, como Karl Kautsky, estaban convencidos de que el ejercicio del poder por los socialistas debería ser necesariamente democrático, en un ambiente de régimen parlamentario y pluripartidista. Y para democratizar el país, los dirigentes socialistas estaban convencidos de la necesidad de alianza con los partidos democrático-liberales centristas.

El SPD encabezó la proclamación de la República en Alemania en noviembre de 1918. Con la derrota para Francia en la I Guerra, el Kaiser Guillermo II abdicó y la República fue proclamada. El socialdemocrata Friedrich Ebert fue nombrado canciller (primer ministro) y convocó la elección a la Asamblea Constituyente para el 19 de enero de 1919.

Por primera vez, las mujeres alemanas tuvieron el derecho al sufragio. El SPD fue victorioso con el 37,9% de los votos; el Partido de Centro Católico, aliado del SPD, conquistó el segundo lugar, con el 19,7%; el Partido Democrático Alemán (DDP, siglas en alemán), de liberales de izquierda y también aliado de los socialdemócratas, quedó en tercero, con el 18,5%. El Partido Popular Nacional Alemán, de oposición de extrema derecha, alcanzó el cuarto lugar, con el 10,3%; y el Partido Independiente Social Demócrata Alemán (USPD, siglas en alemán), de disidentes de izquierda del SPD y que se unir al socialdemócratas, se situó en quinto, con el 7,6%. El 11 de agosto de 1919 fue promulgada la llamada Constitución de Weimar, la primera de Europa a instituir derechos sociales. Se iniciaba así la República de Weimar.

Contrario al camino reformista, democrático y parlamentario del SPD, el Partido Comunista de Alemania (KPD, por sus siglas en alemán), fundado en diciembre de 1918, adoptó posiciones de extrema izquierda y decidió boicotear la elección a la Constituyente, a pesar de sus dos principales líderes, Karl Liebknecht y Rosa Luxemburgo, defender la participación en el proceso electoral.

El 5 de enero de 1919, el KPD promovió un levantamiento armado en Múnich, en un intento de instaurar una república soviética en Baviera. Los comunistas fueron reprimidos por el gobierno de Friedrich Ebert. Las fuerzas oficiales contaron con ayuda de un grupo paramilitar de nacionalistas de extrema derecha, las Freikorps, que en Berlín fueron responsabilizados por los asesinatos de Karl Liebknecht y Rosa Luxemburgo, marcando de forma definitiva los resentimientos entre comunistas y socialdemócratas en Alemania. Pero, el ultra-izquierdismo del KPD fue criticado incluso por radicales como Lenin, en su obra *Izquierdismo, Enfermedad Infantil del Comunismo*, de 1920.

b. La teoría del "socialfascismo"

Lenin murió en 1924 y la Internacional Comunista, presidida por Grigori Zinoviev, adoptó una política en zigzag. Al principio, llegó a defender la unidad de las corrientes socialistas contra el fascismo. Sin embargo, a partir de julio de 1928, la teoría del "socialfascismo" prevaleció en la IC y en la mayoría de los PCs. En 1924, Zinoviev había definido la socialdemocracia como la "ala izquierda del fascismo". Stalin llegó a escribir que el fascismo y la socialdemocracia no eran enemigos, sino hermanos gemelos. En su visión, la socialdemocracia era incluso más peligrosa, pues mientras el primero quería la "dictadura abierta de la burguesía", la segunda engañaba la clase obrera y la desviaba del camino de la revolución. Para la IC, la socialdemocracia era ahora el principal enemigo a combatir.

La República de Weimar vivía gran inestabilidad política derivada de sus dificultades económicas. El Tratado de Versalles, de 1919, que selló la rendición de Alemania en la I Guerra, dificultó la reconstrucción del país al exigir pesadas reparaciones. Para hacer frente a los gastos, el gobierno alemán imprimía dinero sin contención, lo que llevó a la histórica hiperinflación de 1923. Tras una recuperación con ayuda de préstamos externos, la crisis de 1929 jugó a Alemania en la Gran Depresión y provocó el desempleo de millones de trabajadores.

Durante todo el período, de 1918 a 1933, los gobiernos de la coalición de Weimar, formados por el

SPD, Centro Católico y DDP, sufrieron dura oposición de los extremos del espectro político: en la extrema derecha, el Partido Nacional Socialista de los Trabajadores (NSDAP, sigla en alemán), más conocido como Partido Nazi; en la extrema izquierda, los comunistas del KPD. Con la crisis, ambos partidos experimentaron una trayectoria ascendente, mientras que los partidos situados entre los polos perdían representación en el parlamento. El socialdemocrata Friedrich Ebert, elegido presidente de la República en 1919, murió en 1925. Para su lugar, se eligió el mariscal Paul von Hindenburg.

El punto crítico que determinó el fin de la República de Weimar fueron las elecciones parlamentarias de 1932. En la elección de julio, el Partido Nazi quedó en primer lugar con el 37,3% de los votos; el SPD en segundo, con el 21,6%; el KPD en tercero lugar, con el 14,3%; y el Centro Católico en cuarto, con el 12,4%. Bajo la influencia de la teoría del "socialfascismo", los comunistas alemanes se negaron a formar un gobierno con el SPD y el Centro Católico. Sin que los partidos democráticos lograsen formar una mayoría y, así, un nuevo gobierno, una nueva elección fue convocada para noviembre, con resultados similares: Partido Nazi, 33,1% de los votos; SPD, el 20,4%; KPD, el 16,9%; Centro Católico, el 11,9%. Una vez más el KPD se negó a formar un gabinete con socialdemócratas y liberal-demócratas. Ante el impasse, presionado por los partidos de derecha, el presidente von Hindenburg nombró canciller de Alemania al líder del partido más votado, el nazi Adolf Hitler, el 30 de enero de 1933. Menos de un mes después, el parlamento alemán fue incendiado. Hitler culpó a los comunistas, decretó el estado de emergencia, colocó al KPD en la ilegalidad y aprobó una ley que le confería plenos poderes. A continuación, los demás partidos fueron proscritos, a excepción del nazi. La tragedia estaba consumada: era el fin de la democrática República de Weimar y el inicio de la dictadura hitleriana.

c. La política de frentes antifascistas

En Italia, los comunistas tomaron una dirección opuesta a la de los alemanes. Fundado en 1921, a partir del ala radical del PSI, el PCI pronto alejó las alas de extrema izquierda del partido. En 1926, en su III Congreso, el ultra-izquierdista Amadeo Bordiga fue destituido de la jefatura y los moderados, representados, entre otros, por Gramsci y Togliatti, pasaron a liderar el partido. El diario fundado aún en 1924 por proposición de Gramsci, intitulado *L 'Unitá* (La Unidad), no dejaba dudas en cuanto a los objetivos de los nuevos dirigentes: la unión de las fuerzas democráticas contra Benito Mussolini, del Partido Nacional Fascista, nombrado primer ministro por el rey Vittorio Emanuel III, en octubre de 1922. El régimen dictatorial de Mussolini inspiró a Hitler a organizar el nazismo en Alemania.

Togliatti será uno de los grandes defensores de los frentes antifascistas. Mientras los frentes populares estaban compuestos exclusivamente por la izquierda, el frente antifascista en Italia pasó a tener un carácter de frente democrático: de la resistencia participaron no sólo comunistas y socialistas, sino también liberales y católicos. Varios de ellos, miembros de la baja jerarquía de la Iglesia, se alejaron de las posiciones políticas de la cúpula del Vaticano, simpática a Mussolini. En 1929, el "Duce" firmó el Tratado de Letrán, dando a la Santa Sede la soberanía sobre el Estado del Vaticano y estableciendo el catolicismo como religión oficial de Italia, situación que perduró hasta 1978.

A finales de 1932, el PC francés, encabezado por Maurice Thorez, aceptó reunirse con los socialistas franceses para debatir un frente único. La IC criticó a los comunistas franceses por sentarse con un "social traidor". A pesar de la oposición de la IC, en julio de 1934, el Frente Popular de Francia se constituyó como una fuerte alianza entre el PS, el PC y otros sectores democráticos. Vitoriosa en la elección de mayo de 1936, indicó el socialista Leon Blum como primer ministro.

El 19 de febrero de 1933, la Internacional Socialista apeló a la IC para la organización de frentes únicos contra el fascismo. Pero, sólo dos años después, en su VII Congreso, de agosto de 1935, la IC apoyará la propuesta, cuando Togliatti, Thorez y el líder del PC búlgaro, Georgi Dimitrov, convencieron a Stalin de la necesidad de alianzas amplias contra el fascismo.

Sin embargo, en agosto de 1939, la unidad entre comunistas, socialistas, socialdemócratas y liberal-demócratas se debilitó con la divulgación del Pacto Molotov-Ribbentrop, un acuerdo de no agresión entre la Alemania nazi y la Unión Soviética. El 1 de septiembre, Polonia fue invadida por el lado occidental por los nazis y el 17 de septiembre por el lado oriental por los soviéticos. El Reino Unido y Francia declararon la guerra a Alemania. En junio de 1941, Hitler rompió el acuerdo e invadió la Unión Soviética. En ese mismo año, tras el bombardeo del Puerto de Pearl Harbor por Japón, Estados Unidos entró en la II Guerra Mundial. Se formó entonces la ponderosa coalición de los aliados liderada por los "tres grandes": los Estados Unidos, presididos por el socialdemócrata Franklin Roosevelt; el Reino Unido, el primer ministro y liberal-demócrata Winston Churchill; y la comunista Unión Soviética, que tendrá un papel decisivo en la derrota del nazi-fascismo, pero con el altísimo costo del sacrificio de la vida de 24 millones de ciudadanos soviéticos, entre militares y civiles.

d. El abandono de la política antifascista

Después de la victoria, por el acuerdo para la formación de los frentes únicos, se constituirían gobiernos pluripartidistas de las fuerzas antifascistas. En la economía, deberían prevalecer economías mixtas, siendo nacionalizados sólo sectores estratégicos. Así, en Europa oriental, los comunistas se comprometían no con "dictaduras del proletariado", sino con el establecimiento de "democracias populares", de gobiernos pluripartidistas de los frentes antifascistas.

Pero en 1947, con el inicio de la confrontación de la Guerra Fría, que opuso a EEUU y la URSS en la arena mundial, la política antifascista fue abandonada. En aquel año, en Italia, la Democracia-Cristiana (DC), liderada por el primer ministro Alcide De Gasperi, excluyó al PCI y al PSI del gobierno. En el este, Stalin obligó a la fusión de los PSs a los PCs, con las nuevas organizaciones bajo el control de los comunistas: en Alemania oriental, el SPD se vio obligado a fusionarse con el PC, surgiendo el Partido Socialista Unificado de Alemania. En Polonia, el Partido Socialista se unió al Partido Obrero, comunista, naciendo el Partido Obrero Unificado de Polonia. En Hungría, la fusión del Partido

Socialdemócrata con el PC resultó en el Partido de los Trabajadores Húngaros. Los liberales pasaron a ser perseguidos; los socialdemócratas, socialistas y comunistas que se opusieron a la unificación forzada de sus partidos fueron perseguidos, presos, fusilados o exiliados. En 1951, en Checoslovaquia, once miembros del Comité Central del PC checo que resistieron a las órdenes de Stalin fueron ejecutados, entre ellos, su secretario general, Rudolf Slánský. En algunos lugares, los estalinistas colocaron a comunistas para dirigir partidos aliados y mantener un multipartidismo de fachada. En Rumania, usaron corrupción para sobornar a líderes partidistas aliados a someterse al mando del PC. Todas las economías fueron progressivamente estatizadas, siguiendo el modelo soviético.

Todo intento de salida del aislamiento político y de apertura a una economía mixta fue reprimida por los soviéticos. Incluso con la desestalinización, tras la publicación del informe de Nikita Kruchev de febrero de 1956, en el que el nuevo líder del PCUS denunciaba los asesinatos de Stalin, la represión continuó. En noviembre de 1956, Hungría fue invadida por la Unión Soviética y el primer ministro, el comunista reformista Imre Nagy, depuesto. En 1958, después de un juicio secreto, Nagy fue condenado a la horca y ejecutado. En Checoslovaquia, la llamada Primavera de Praga de

1968, un intento de democratización del socialismo y de apertura económica, también fue reprimida por los tanques soviéticos. Uno de los actos del líder del PC checo, Alexander Dubchek, que más irritó a la URSS fue el acuerdo de cooperación económica firmado con el entonces ministro de las relaciones exteriores de Alemania occidental, el socialdemocrata Willy Brandt.

Más tarde, en 1987, el último líder soviético, Mijaíl Gorbachov, reconocerá que la URSS se equivocó al alentar la confrontación de la Guerra Fría, llevando a numerosos conflictos regionales ya un clima de anticomunismo en Occidente, en lugar de apostar por la negociación y las alianzas políticas capaces de aislar las fuerzas reaccionarias y belicistas y favorecer un clima de libre debate de ideas en todo el mundo. Según Gorbachov, la mentalidad de confrontación llevó a la Unión Soviética a pensar más en soluciones militares que políticas, obligando al país a invertir pesadamente en el presupuesto bélico y en la carrera armamentista, retirando recursos para el desarrollo económico y tecnológico del país y para el bienestar de su pueblo. Sus intentos de reformar el sistema soviético no prosperaron. Gorbatchov fue derribado por un golpe de Estado organizado por los comunistas presos a la tradición bolchevique, precipitando el agotamiento de la experiencia iniciada con la Revolución de Noviembre de 1917 y el colapso de la URSS en 1991.

Curiosamente, en Italia, el PCI fue de los pocos a perseverar en la política de frente antifascista en la posguerra. Incluso fuera del gobierno en 1947, Togliatti mantuvo el diálogo con la DC en la Asamblea Constituyente, con el objetivo de finalizar en 1948 la Constitución democrática de Italia. Cuando los comunistas fueron excomulgados por el Papa Pío XII, Togliatti mantuvo la mano extendida a la Iglesia Católica, tradujo y publicó el libro *Tratado sobre la tolerancia*, obra de François-Marie Arouet Voltaire, de 1763. La permanente apertura al entendimiento permitió que, posteriormente, con el Concilio Ecuménico Vaticano II, iniciado en 1962 por el Papa Juan XXIII, jóvenes católicos de izquierda se uniesen al PCI. Cuando entonces se discutió la posibilidad de formación de una coalición entre la DC y el PSI, Togliatti afirmó que el PCI apoyaría tal gobierno aunque que se quedando fuera de él.

En la década de 1970, Enrico Berlinguer, uno de los sucesores de Togliatti, propondrá al primer ministro demócrata cristiano Aldo Moro un gobierno conjunto del PCI, de la DC y del PSI para modernizar Italia. El llamado "compromiso histórico" contó con la simpatía de Moro, secuestrado y asesinado en 1978 por las Brigadas Rojas, grupo terrorista de extrema izquierda. En el parlamento italiano, una comisión creada para investigar el caso levantó sospechas de infiltración en las Brigadas Rojas de miembros de Gladio, organización de apoyo a los servicios secretos, con el objetivo de evitar la participación de los comunistas en el gobierno de Italia, país miembro de la Organización del Tratado del Atlántico Norte, la OTAN, la alianza militar occidental. Con el fin de la experiencia del socialismo soviético, el PCI se constituyó en el hoy Partido Democrático, absorbiendo remanente del PSI y del ala social-reformista de la DC. Actualmente el PD gobierna Italia en medio de una ola de resurrección de la extrema derecha en Europa. No por casualidad, uno de los textos más conocidos de Togliatti, escrito en 1935, tiene exactamente el título de *Lecciones sobre el fascismo*.

6 - CUATRO MUJERES EN LA REVOLUCIÓN RUSA

La trayectoria de cuatro militantes ilustra la participación de las mujeres en la Revolución de 1917. Dos de ellas, Alexandra Kollontai y Nadezhda Krupskaia, del ala bolchevique del Partido Obrero Social Demócrata Ruso, que a partir de 1918 se constituyó en el Partido Comunista. Otras dos, Lydia Dan y Eva Broido, del ala de los moderados mencheviques.

La Constitución soviética de 1922 aseguró importantes derechos sociales a las mujeres. Sin embargo, las biografías de los cuatro militantes muestran que también fueron víctimas de la principal contradicción de la Revolución Rusa: la falta de democracia política en el socialismo soviético.

a. Alexandra Kollontai (1872-1952)

Hija de padre ucraniano y madre finlandesa, en 1898 ingresó en el Partido Obrero Social Demócrata Ruso (POSDR). Estudió economía en Suiza en Zurich. Con la división del PSODR en mencheviques y bolcheviques, inicialmente mantuvo una posición de independencia en relación a las dos alas. En 1915, se adhirió al bolchevismo. Exilada en Europa occidental desde 1908, volvió a Rusia con la Revolución de Marzo de 1917, como la mayoría de los militantes socialistas expulsados de la Rusia zarista. Encarcelada durante el gobierno provisional de Alexander Kerensky, incluso en prisión fue elegida para el Comité Central Bolchevique.

Apoyó la insurrección de noviembre, fue elegida diputada a la Asamblea Constituyente, cerrada por Lenin, en enero de 1918. Se convirtió en Comisaria del Pueblo para la Asistencia Pública, equivalente al cargo de ministra. Instituyó el derecho de voto femenino y el divorcio, promovió diversos derechos sociales a las mujeres y un programa de construcción de guarderías por el país.

Divergió de la mayoría bolchevique, que se había convertido en el Partido Comunista. En 1918, fue contraria al acuerdo de Brest-Litovsk, de paz con Alemania, y pasó a integrar, en 1921, la Oposición Obrera, con críticas a la "degeneración burocrática" del partido y de los soviets. También se opuso a la Nueva Política Economía, de Lenin.

Los dirigentes de la Oposición Obrera fueron derrotados dentro del PC y fusilados después de que Josef Stalin pasó a gobernar la Unión Soviética. Alexandra Kollontai escapó del fusilamiento, pero perdió sus funciones en el gobierno soviético. Vive entonces un "exilio diplomático": fue nombrada, en 1922, inicialmente asesora de la embajada soviética en

Noruega, ya partir de 1923, embajadora. Fue trasladada a México, de 1925 a 1927, volvió a Noruega, de 1927 a 1930, y posteriormente sirvió en Suecia, donde vivió hasta jubilarse en 1945. Murió en Moscú en 1952.

b. Nadezhda Krupskaia (1869-1939)

Pedagoga, participó en la fundación de la Unión de Lucha por la Emancipación de la Clase Obrera de San Petersburgo, en 1894. Al año siguiente fue presa, condenada y deportada a Siberia, donde se casó en 1898 con Vladimir Lenin, uno de los líderes de la organización. En el exilio, en diversos países de Europa occidental, participó en la organización del POSDR. Se convirtió en integrante del ala bolchevique. Después de la Revolución de Noviembre de 1917, integró al Comisariado del Pueblo de Instrucción Pública y se dedicó a la erradicación del analfabetismo en Rusia.

En 1918, defendió la libertad de conciencia para los profesores y se opuso a las expulsiones de maestros practicados por los soviets locales, así como a la represión de la Cheka, antecesora de la KGB, al sindicato de los profesores, hostil a los bolcheviques. En 1919, escribió contra la prohibición a los autores considerados burgueses y los intentos de control estatal bajo la producción literaria del país.

Después del ACV que acometió a Lenin, en 1922, dejó sus actividades en el gobierno para asistir a su marido. En 1923, Lenin intentaba proponer reformas en el PC y en los soviets, ante la constatación de la progresiva falta de control por la sociedad de los órganos de poder del país. Hay una controversia sobre una carta redactada por él, que habría encargado Nadezhda de entregarla a los dirigentes del PCUS, para lectura a los delegados del XII Congreso partidista. Lenin murió en 1924, meses antes del Congreso. En la carta, que quedará conocida como el "Testamento de Lenin", el líder sugirió que Josef Stalin fuera removido de la secretaría general del partido. El documento no fue leído en el plenario del encuentro, pero dejado posteriormente a disposición de los delegados.

También hay controversias sobre las posiciones de Nadezhda Krupskaia en la disputa de poder tras la muerte de Lenin. Ella se habría opuesto a Trotski, después a Stalin, y apoyó a Nikolai Bukharin, Grigori Zinoviev y Lev Kamenev. Habría dejado la secretaría adjunta del equivalente al Ministerio de Educación para cuidar del programa de bibliotecas públicas del gobierno soviético. Posteriormente, se habría autocriticado de sus posiciones y pasado a apoyar a Stalin.

Nadezhda Krupskaia murió en Moscú en febrero de 1939, días después de cumplir los 70 años de edad. Sus obras conocidas son: *La educación comunista*; *Lenin y la juventud*; *La mujer trabajadora*; *Mi vida con Lenin* y *Reminiscencias de Lenin*.

c. Lydia Dan (1878-1963)

Lydia Osipovna Dan se unió a los círculos marxistas de San Petersburgo a los 16 años. En la segunda mitad de los años 1890, participó en la redacción del diario *Iskra* y de la organización del POSDR. Presa varias veces, fue exiliada en Siberia y en el exterior, en países de Europa occidental.

Nacida en una familia de judíos liberales, ella y todos sus hermanos fueron militantes socialistas del ala menchevique, siendo el más destacado Julius Osipovich Tsederbaum, más conocido como Julius Martov. Dos de sus hermanos, Vladimir Osipovich Tsederbaum y Sergei Osipovich Tsederbaum, fueron fusilados en la década de 1930, después de varias prisiones y de participar en campos de trabajos forzados. Nadezhda Osipovna Tsederbaum y Evgenia Osipovna Tsederbaum, sus hermanas, también fueron militantes. Esta última escapó de las represiones estalinistas a los mencheviques en la década de 1930 y murió en Moscú en 1954. Todos los hermanos Tsederbaum fueron rehabilitados por Mijail Gorbatchev en 1990.

Lydia Dan se casó con Fyodor Dan, diputado de la Constituyente de 1918 y uno de los más influyentes líderes mencheviques. Después del viaje de Julius Martov a Alemania para tratamiento de salud, en 1920, Fyodor Dan pasó a liderar la oposición menchevique al gobierno soviético. Preso y expulsado del país en 1922, partió para el exilio en Berlín, junto con su mujer Lydia, y se unieron a Martov para organizar la acción del POSDR en el exilio. Fundaron el periódico *Mensajero Socialista*. Al abandonar Rusia, Lydia llevó consigo los archivos personales de Martov y del Comité Central menchevique.

Con el ascenso de Hitler al poder en 1933, Lydia y Fyodor Dan se exiliaron en París y transfirieron los archivos mencheviques a la capital francesa. Pero en 1940, con la toma de la ciudad por las tropas de Hitler, la pareja huyó a Nueva York, donde ambos vivieron exiliados para el resto de sus vidas. Con la invasión por Alemania en 1941, Lydia y Fyodor Dan defendieron el apoyo a la Unión Soviética en la lucha contra el nazismo. Actualmente, los archivos mencheviques están depositados en la Hoover Institution de la Universidad de Stanford, en los Estados Unidos.

Lydia Dan mantuvo intensa actividad durante toda su vida, reuniéndose permanentemente con exiliados rusos. Considerada la dama de la socialdemocracia rusa, murió en 1963. Dejó un libro de memorias y organizó otro, titulado *Martov y sus allegados*, con la correspondencia entre su hermano e importantes líderes socialistas de principios del siglo XX. Sobre Lydia Dan, hay una biografía en alemán titulada *Mirando a Rusia - Lydia Tsederbaum (1878-1963): una socialdemócrata judía en una vida en el exilio*, de la historiadora Svetlana Jebrak.

d. Eva Broido (1876-1941)

De origen lituano, formado en Farmacia por la Universidad de Kazan. En 1895, se trasladó con su primer marido a Berlín. Allí, mantuvo contacto con socialistas alemanes, quedó impresionada con los libros *Historia del Socialismo*, de Karl Kautsky, y *La Mujer y el Socialismo*, de August Bebel, y se adhirió al marxismo.

En 1899, se mudó a San Petersburgo y entró en el POSDR, pasando a integrar posteriormente el ala de los mencheviques internacionalistas, liderada por Martov. Participó en la creación de grupo Biblioteca de los Trabajadores, con el objetivo de traducir, publicar y difundir la literatura socialista en Rusia. Por la creación de esa biblioteca móvil e ilegal, fue presa en enero de 1901. Liberada, fue detenida nuevamente y condenada a un exilio de cinco años en Siberia.

Participó en la redacción del diario *Iskra* y de la organización del POSDR, llegando a ser secretaria de su

Comité Central. Volvió a Rusia tras la Revolución de Marzo de 1917. En la Revolución de Noviembre, apoyó la propuesta de gobierno de unión de todas las corrientes del socialismo ruso, rechazada por los bolcheviques. Con la represión a los mencheviques, partió a Alemania en 1920. Junto con otros exiliados, participó en la fundación del diario *Mensajero Socialista*, portavoz menchevique que circuló hasta los años 1950.

En 1927, volvió ilegalmente a Rusia, con el objetivo de reorganizar el POSDR clandestinamente. Presa en 1928, fue condenada a tres años de confinamiento solitario. Después, al exilio en Tashkent, en Uzbekistán. En 1935, fue deportada a la República de Altai, en la frontera con Mongolia. En 1937 fue arrestado nuevamente. En 1939, fue condenada a 20 años de prisión. En 1941, condenada a muerte y fusilada. Sus familiares sólo vendrían a tener informaciones exactas sobre su destino con la apertura de los archivos secretos tras el fin de la Unión Soviética en 1991.

Los textos conocidos de Eva Broido son: *Revolución de 1848 en Francia*; *Participación femenina*; *Mujer trabajadora rusa*; *Wilhelm Liebknecht - Su vida y trabajo* (1826-1900); *La víspera*; *La mujer es trabajadora*; *Inspección del trabajo femenino*; *En las filas del POSDR (Memorias)*. Su hija Vera Broido, modelo y escritora residente en Berlín, publicó posteriormente el libro *Memorias de una Revolucionaria*, sobre su madre, así como otros libros autobiográficos, en los que relata las actividades de las primeras militantes socialistas de Rusia y de las relaciones entre bolcheviques y mencheviques. Las obras son *Apóstoles en terroristas: mujeres y movimiento revolucionario en la Rusia de Alejandro II*; *Lenin y los mencheviques*; *Hija de la revolución: una niña rusa se recuerda.*

Nota

La bibliografía en portugués sobre los cuatro personajes es casi inexistente. Para escribir este texto, utilicé información disponible en varios sitios de Internet, principalmente *Marxists Internet Archive, Base de datos biográfica del proyecto menchevique* y Socialistas y *Anarquistas posteriores a octubre de 1917*, cuyas direcciones son, respectivamente:
www.marxists.org
scherbina.net/ukazatel_g.htm
socialist.memo.ru

7 - LA REVOLUCIÓN RUSA Y EL BRASIL

Los acontecimientos de noviembre de 1917 en Rusia repercutieron en Brasil, especialmente entre los líderes del movimiento obrero. Bajo la influencia de los bolcheviques, ex militantes anarquistas fundaron en marzo de 1922, en Niterói, en Río de Janeiro, el *Partido Comunista, sección brasileña de la Internacional Comunista.* [1] A pesar del nombre, el nuevo partido tuvo rechazado su pertenencia a esa organización internacional. La IC veía elementos de anarquismo en el PC brasileño, que sólo vendría a ser aceptado como miembro pleno en 1924.

Pero, durante toda la década, Brasil estuvo lejos de las atenciones de Moscú, cuyo foco estaba en Europa y en la Unión Soviética. Los bolcheviques enfrentaban una dura guerra civil, vencida a finales de 1922, e intentaban salir de una profunda crisis económica y social con la Nueva Política Económica, adoptada a partir de 1921. Con la imposibilidad de la Revolución Rusa se espraiar por el continente, el liderazgo soviético se concentró en la construcción del "socialismo en un solo país", a partir de 1925.

Tras la muerte en 1924 de Vladimir Lenin, el líder de la revolución, los bolcheviques se ocuparon entonces de una nada pacífica disputa interna de poder. Josef Stalin, del ala de centro de los bolcheviques, se alió a la derecha del partido, representada por Grigori Zinoziev, Lev Kamenev y Nikolai Bukharin, para combatir el ala izquierda, encabezada por Leon Trotski. Según hombre de la revolución, Trotski fue destituido de sus funciones de gobierno en 1925, excluido del PC en 1927, encarcelado y llevado a Kazajstán en 1928 y expulsado de la URSS en 1929. Después de deportado, pasó por Turquía, Francia y Noruega, hasta recibir asilo en México en 1937, donde fue asesinado en 1940 por un agente de la KGB, el servicio secreto soviético. [2] Sus partidarios en la URSS fueron fusilados en la década de 1930, después de los famosos Procesos de Moscú.

Consolidado en el poder, Josef Stalin se volvió contra el ala derecha del ahora Partido Comunista de la Unión Soviética. A partir de 1928, en un giro a la izquierda, abandonó la NEP, elaborada por Lenin. La NEP preveía una economía mixta en un capitalismo de Estado como transición al socialismo y proponía una industrialización gradual del país. Con el I Plan Quinquenal, Josef Stalin adoptó un programa de colectivización forzada de las tierras, de industrialización acelerada, de planificación centralizada y de estatización total de la economía. En los años 1930, Zinoziev, Kamenev, Bukharin y sus correligionarios, mayoritariamente favorables al mantenimiento de la NEP, tuvieron el mismo destino de los trotskistas: acusados de traición, fueron fusilados.

a. Astrojildo Pereira (1890-1965)

Así, fuera de las prioridades de la IC durante los años 1920, el PCB desarrolló una política nacional con relativa autonomía. Bajo el liderazgo del periodista Astrojildo Pereira, los comunistas brasileños procuraron establecer una política de alianzas con otros sectores políticos. Sin conseguir su registro legal, el PCB articuló la creación, en 1927, del Bloque Obrero, posteriormente el Bloque Obrero y Campesino, un frente legal formado por comunistas y el igualmente pequeño Partido Socialista Brasileño, que intentaba organizarse nacionalmente desde 1925, después de varios intentos, la primera de ellas en 1892.

Se debe resalvar, sin embargo, que, bajo influencia política e ideológica bolchevique, el PCB exigía de sus aliados la sumisión a su programa y al papel de liderazgo del partido, lo que fue rechazado por socialistas como Agripino Nazaré y Mauricio de Lacerda, del Partido Democrático del Distrito Federal. Por esa negativa, ambos fueron detratados por el PCB. De todos modos, a pesar del sectarismo y de la estrechez, el partido comenzaba entonces a crear una cultura de actuación en frentes políticos. En 1929, en una elección para diputado en São Paulo, ante su inviabilidad electoral, el BOC llegó a apoyar a candidatos liberales del Partido Democrático.

Brasil era todavía agrario y rural. Astrojildo Pereira y sus correligionarios evaluaban que el incipiente operario industrial brasileño no tenía suficiente fuerza política para, solo, realizar las transformaciones que creían necesarias al país. Se buscaron acercarse a los trabajadores del campo, sin mayores éxitos. Tuvieran mejor resultado en la aproximación con la naciente clase media urbana, que había comenzado a arregimentarse contra la Vieja República (1889-1930), especialmente después de la campaña presidencial del jurista liberal Rui Barbosa, en 1910.

En el mismo año de la fundación del PCB, en 1922, estalló en el Forte Copacabana, en la ciudad de Rio de Janeiro, una revuelta de jóvenes oficiales del Ejército. En 1925 se inició el movimiento tenentista, formado por rebeldes de todo Brasil y que se reunieron en la columna comandada por Luis Carlos Prestes, capitán del Ejército, y por Miguel Costa, mayor de Fuerza Pública de São Paulo. La columna viajó por todo Brasil y estacionó, invicta, en Bolivia. Astrojildo Pereira viajó al país vecino y entregó al capitán literatura marxista, publicaciones del PCB y de propaganda de la URSS.

Sin embargo, la experiencia frentista del BOC, aún en evolución, fue interrumpida en 1930, cuando el PCB sufrió intervención de la IC, que, a esa altura, asumía posiciones de extrema izquierda al adoptar la política de "clase contra clase", rechazar cualquier diálogo con liberal-demócratas y pasar a considerar la socialdemocracia como "hermana gemela del fascismo" y enemigo número uno a ser combatido. Astrojildo Pereira fue destituido de la secretaría general, acusado de "desviación derechista" de carácter "menchevique martovista". Según la IC, cuyo foco ahora estaba en las luchas de liberación nacional de los países coloniales y semicoloniales, categoría en la que enmarca a Brasil, la política de alianzas desarrollada por los dirigentes del PCB colocaba al proletariado brasileño a remolque de líderes de la pequeña burguesía. En estos términos, la IC determinó la disolución del BOC. [3]

Bajo la intervención, el PCB pasó por un proceso de "bolchevización" y "proletarización", con intelectuales alejados de las funciones dirigentes, prohibidos de votar en los órganos colegiados, y sustituidos por militantes de origen obrero, muchos de los cuales menos experimentados y menos cualificados. En ese contexto de crisis interna, el PCB tuvo dificultades para posicionarse en los acontecimientos cruciales que dieron la escuadra de la vida nacional en las décadas siguientes: la elección presidencial de marzo de 1930; la Revolución de ese mismo año de la Alianza Liberal; la elección a la Asamblea Constituyente de 1933; y la elección del gobierno constitucional de Getúlio Vargas en 1934.

Con la crisis de la bolsa de Nueva York en 1929, el Partido Republicano de São Paulo rompió el acuerdo de la "política de café con leche" con el PR de Minas Gerais (en el sudeste de Brasil) e impuso la candidatura de Júlio Prestes, gobernador de São Paulo, a la sucesión del presidente Washington Luís. El PR de Minas Gerais articuló una disidencia con los RP de Rio Grande do Sul (sur de Brasil) y Paraíba (noreste de Brasil) y lanzó los nombres de Getúlio Vargas para presidente y João Pessoa para vicepresidente, en coalición con el Partido Demócrata, formando la Alianza Liberal. La coalición fue apoyada por varios grupos de oposición, entre ellos, socialistas vinculados al PSB e importantes líderes del movimiento tenentista.

En una lectura esquemática y economicista, los nuevos dirigentes del PCB vieron las dos candidaturas a la Presidencia como una disputa entre los intereses del imperialismo inglés, que sería representado por el candidato Júlio Prestes, y el imperialismo norteamericano, que sería defendido por Getúlio Vargas. Así, decidieron lanzar por el BOC el nombre de Minervino de Oliveira, obrero de la construcción civil y concejal de Río de Janeiro. Sin embargo, aislado, el candidato comunista tuvo un desempeño pifio. Según Leôncio Basbaum, dirigente de la Juventud Comunista en la época, muchos militantes del PCB, especialmente aquellos vinculados a las células obreras, votaron no en la candidatura partidista, sino en el candidato de la Alianza Liberal. Después de eso, el PCB extinguió el BOC, siguiendo determinación de la IC.

b. Cristiano Cordeiro (1895-1987)

La trayectoria de Cristiano Cordeiro ilustra bien los dilemas que enfrentó el PCB en la década de 1930. Uno de los nueve fundadores del partido, Cristiano Cordeiro fue uno de los nombres más expresivos de la izquierda brasileña en la década de 1920, hasta el punto de que la escritora Raquel de Queiroz afirmar que, en el Nordeste brasileño, no había comunismo, sino "cristianismo", tan significativa fue su influencia política entre los socialistas de la región. También de origen anarquista como Astrojildo Pereira, fue asesor en la década de 1910 de la Federación de los Trabajadores de Pernambuco, editor del semanario *A Hora Social*, abogado y funcionario público. Desde el comienzo de el PCB, ha desarrollado en su estado de federación una política de diálogo con todos los sectores de oposición al gobernante Partido Republicano.

Así, en Recife, Cristiano Cordeiro participó del movimiento que se conoció como la Revolución de 1930. Según él, el papel de los comunistas era hacer avanzar el movimiento hacia un régimen democrático, en el que el partido y las organizaciones obreras tuviesen reconocimiento legal y pudiesen actuar para la conquista de una legislación social y laboral.

Mientras tanto, la dirección nacional de PCB continuó su lectura esquemática del movimiento de 1930 como una contradicción entre los intereses del Reino Unido y los Estados Unidos. De ese modo, el PCB se ausentó de la Revolución de 1930, considerada "una cuartelada pequeño burguesa contra el pueblo", "para evitar la revolución de las masas". Llamó a los trabajadores a una lucha autónoma para transformar "la guerra civil reaccionaria en la lucha de las masas explotadas, por el poder de los trabajadores y campesinos, basado en los consejos de trabajadores, campesinos, soldados y marineros", en una transposición a Brasil de la realidad de los soviets de la Revolución Rusa.

Había una diferencia de perspectiva entre el nuevo liderazgo del PCB e intelectuales como Astrojildo Pereira y Cristiano Cordero. Mientras los líderes del PCB colocaban en el plano inmediato una toma de poder en los moldes insurreccionales bolcheviques, aquellos otros colocaban como tarea inmediata, aunque de manera intuitiva y poco consciente, la conquista de un régimen democrático para, en un proceso de acumulación de fuerzas, llegar al poder y realizar transformaciones sociales orientadas al socialismo. Tales divergencias serán claramente demarcadas en los dos episodios siguientes: la elección para la Asamblea Nacional Constituyente de 1933 y la insurrección de 1935.

Getúlio Vargas había ascendido al poder con la Revolución de 1930, pero gobernaba sin el funcionamiento del Congreso y sin la existencia de una Constitución que diese orden institucional y estatuto legal al nuevo régimen. Los estados de la federación eran administrados por interventores nombrados por el gobierno federal. El presidente dejó fuera del gobierno a los liberales demócratas del Partido Demócrata de São Paulo y maniobró con los militares del movimiento tenentista. Por estas circunstancias, los líderes del PD paulista rompieron con Getúlio Vargas y se unieron a los remanentes del Partido Republicano Paulista con el objetivo de derrocar al gobierno provisional por las armas, episodio que se conoció como la Revolución Constitucionalista de 1932. Las tropas oficiales lograron derrotar a los militares rebeldes, pero Getúlio Vargas se vio obligado a convocar elecciones a la Asamblea Constituyente para mayo de 1933 y aceptar una nueva Constitución para el país.

El Comité Estadual del PCB en Pernambuco, en el nordeste de Brasil, decidió nominar a Cristiano Cordeiro a la Constituyente de 1933 por el partido *Trabajador, ocupa su puesto*, al lado de otros tres nombres de origen obrera. El candidato realizó, el 1º de Mayo de 1933, acto en el Teatro Santa Isabel, en el centro de Recife, con las galerías tomadas por el público. En la ocasión, el dirigente comunista leyó la plataforma electoral del partido, con destaque para la cuestión social.

Cristiano Cordeiro relata que, mientras leía su programa electoral, recibió un aviso escrito de un miembro de la dirección nacional presente al acto, en el que reclamaba la inclusión en el programa de la formación de consejos de obreros, campesinos, soldados y marineros, es decir, de soviets en Brasil. Cristiano Cordeiro se negó a incluir aquella propuesta por considerarla ajena a la realidad brasileña.

De los cuatro candidatos, sólo Cristiano Cordero consiguió elegirse diputado federal. Sin embargo, la comisión electoral anuló dos urnas en un barrio popular, reducto de los comunistas. Con la maniobra, los candidatos no lograran el coeficiente electoral y Cristiano Cordeiro quedó fuera de la Constituyente.

El PCB no consiguió elegir representantes por el voto. Sólo el sindicalista comunista Álvaro Ventura logró ser indicado a través de la representación clasista, instrumento previsto para la Constituyente de 1933. Para Moisés Vinhas, dirigente partidista, el mal desempeño se debió no sólo a la fuerte represión contra el partido, aún sin registro, y que se presentó legalmente en diversos lugares como la Unión Obrera y Campesina. También contribuyó al fracaso electoral su estrechez político. Según Moisés Vinhas, los dirigentes del PCB subestimaban el proceso electoral, visto apenas como un medio de denunciar el "orden burgués" y acumular fuerzas para la revolución. No creían que pudieran mejorar las condiciones de vida de los trabajadores por medio de reformas dentro de la democracia representativa. Pero Cristiano Cordeiro persistió y, dos años después, concurrió a un escaño en el Cámara de Concejales de Recife, asumiendo una silla, junto a otros dos compañeros de la leyenda *Trabajador, ocupa su puesto*.

Con la entrada de Luís Carlos Prestes en el PCB, en 1934, la visión insurreccional de los nuevos dirigentes del PCB fue reforzada por los militares egresados del tenentismo, afectos al pronunciamiento de las armas en la solución del conflicto político y social. La presencia de Prestes colocó el pequeño PCB en el centro de la vida nacional, pero disminuyó la comprensión de los comunistas en cuanto a su intervención institucional democrática. Tales posiciones de la nueva dirección del partido serán una causa de tensión con antiguos dirigentes como Paulo Lacerda, Heitor Ferreira Lima, así como Astrojildo Pereira, Leôncio Basbaum y Cristiano Cordeiro, todos partidarios de la acción política y en contra de acciones conspirativas. Estos intelectuales serán marginados de los centros de toma de decisiones del partido en la década de 1930.

En su VII Congreso, de agosto de 1935, la Internacional Comunista realizó un giro de 180° en su política. Bajo la presidencia del búlgaro Georgi Dimitrov, la IC dejó de considerar la socialdemocracia como "hermana gemela del fascismo" y pasó a adoptar la política de frentes únicos contra el ascenso de la extrema derecha en Europa. La alianza entre comunistas, socialistas, socialdemócratas y liberales era defendida por Maurice Thorez, del PC de Francia, y posteriormente por Palmiro Togliatti, del PC de Italia. Para el italiano, la falta de diálogo entre el PC alemán y el Partido Socialdemócrata para la formación de un gobierno común, favoreció la victoria del nazista Adolf Hitler en las elecciones de 1932. Después de consumada la derrota del movimiento socialista en Alemania, cuyo nuevo canciller se aliará al gobierno fascista italiano de Benito Mussolini, Dimitrov convenció a Josef Stalin de la necesidad de los frentes antifascistas.

La nueva orientación de la IC encontró en Brasil una coyuntura favorable a sus tesis. El país aún se debatía con la crisis económica provocada por la crisis mundial de la Gran Depresión. En el plano de las fuerzas políticas, no sólo el PCB era contrario al gobierno constitucional de Getúlio Vargas. Para ser elegido presidente de la República por la Constituyente, conforme a la Carta promulgada en 1934, Getúlio Vargas se compuso con las oligarquías regionales, muchas de ellas ligadas al antiguo Partido Republicano, y con fuerte expresión en la elección constituyente. Tal alianza desagradó a sectores liberales, socialistas e importantes líderes del movimiento tenentista, que pasaron a la oposición.

Se agrega a esto el noviazgo de Getúlio Vargas con la Acción Integralista Brasileña, partido de inspiración fascista creado en 1932. Temiendo una ascensión del fascismo en el país, la propuesta del PCB de crear un frente único antifascista ganó rápida adhesión de socialistas del PSB, que volvió a funcionar en 1932, de sectores liberales, de líderes tenentistas contrarios a Getúlio Vargas, y de varias personalidades democráticas y progresistas, como el alcalde de Río de Janeiro, Pedro Ernesto. Así, en enero de 1935, comenzó a organizarse la Alianza Nacional Libertadora, lanzada oficialmente en marzo, en el Teatro João Caetano, en Río de Janeiro, bajo la presidencia del comandante de la

Marina, Hercolino Cascardo. Durante la solemnidad, el nombre del capitán Luís Carlos Prestes fue aclamado presidente de honor de la ANL. En abril, Luís Carlos Prestes, que entró en el PCB por determinación de la IC, volvió clandestinamente al país, tras un exilio en la Unión Soviética. En ese mismo mes, Miguel Costa también se adhirió públicamente al nuevo partido.

En su programa, la ANL propuso la "cancelación de las deudas imperialistas; la nacionalización de las empresas imperialistas; la libertad en toda su plenitud; el derecho del pueblo de manifestarse libremente; la entrega de los latifundios al pueblo laborioso que los cultiva; la liberación de todas las capas campesinas de la explotación de los tributos feudales; la defensa de las pequeñas y medianas propiedades; disminución de los impuestos; aumento de salarios; asistencia al trabajador e instrucción". En 1935, la radicalización política aumentó y se intensificaron los conflictos callejeros entre los fascistas de la AIB y los militantes de la ANL. El frente antifascista creció rápidamente por el país, hecho que llevó a Getúlio Vargas a aprobar la Ley de Seguridad Nacional, aún en abril de aquel año.

El frente único tendría como objetivo principal evitar el fascismo en Brasil y, por tanto, luchar por la afirmación de un régimen democrático. Pero, por su programa y por su nombre, los comunistas pondrán en primer plano en la acción de la ANL no la lucha antifascista, sino la lucha antiimperialista. La subordinación de la cuestión democrática a la cuestión nacional, por un análisis marxista vulgar de poner en absoluto los factores económicos sobre los aspectos políticos, tendrá consecuencias desastrosas. El 5 de julio, siguiendo orientación partidista, Luís Carlos Prestes lanzó un manifiesto, leído por Carlos Lacerda, entonces militante de la Juventud Comunista, en un gran mitin en Río de Janeiro. En el manifiesto, el capitán pedía el derrocamiento de Getúlio Vargas y la "entrega de todo poder a la ANL", en una alusión al lema de "todo poder a los soviets", contraseña para la toma de poder por los bolcheviques en noviembre de 1917 en Rusia.

Los dirigentes no comunistas de la organización fueron sorprendidos por el manifiesto, entre ellos, Miguel Costa, que ese mismo día participó de otra gigantesca manifestación de la ANL en São Paulo. La respuesta del gobierno federal fue rápida: el 11 de julio, la policía invadió sedes, realizó arrestos y decretó la ilegalidad de la ANL. Miguel Costa criticó el manifiesto de Luis Carlos Prestes y propuso que los aliancistas actuasen en los marcos de la Constitución de 1934 y luchasen por la reconquista de la legalidad de la ANL.

La palabra de orden de "todo poder a la ANL" contestaba los poderes del Ejecutivo, Legislativo y Judicial instituidos por la Constitución de 1934, la legitimidad de su elección en 1933 y del Congreso elegido al año siguiente, así como de su elección de Getúlio Vargas para la jefatura de Estado. La subestimación de la institucionalidad democrática y de la defensa del Imperio de la ley llevó al PCB, contrariando a sus aliados de la ANL, a organizar un levantamiento armado contra el gobierno. En una evaluación equivocada, próxima al deseo y distante de la realidad, la cúpula dirigente del partido informaba a la IC, desde principios de la década de 1930, que Brasil estaba ante una situación revolucionaria, con el proletariado brasileño listo a coger en armas y tomar el poder. Con el apoyo político de la IC, los comunistas brasileños pasaron a articular el derrocamiento de Getúlio Vargas por medio del sector militar del PCB, fortalecido con la entrada en el partido de Luís Carlos Prestes y de egresados del movimiento tenentista.

Cristiano Cordeiro narra que había recibido una visita, en Recife, de Silo Meirelles, a fines de 1934. El militar, que ingresó en el PCB junto a Luis Carlos Prestes, informaba de la decisión de integrantes de la dirección partidista de promover un levantamiento revolucionario en Brasil. Cristiano se negó a participar en la articulación, argumentando que no había condiciones políticas para una acción armada. E insistió en una política de frente con los sectores democráticos, incluso con lo que él consideraba parte progresista de la burguesía nacional, como camino más inteligente para el combate al gobierno de Getúlio Vargas.

El movimiento armado estalló en Natal, una pequeña ciudad del Nordeste de Brasil, el 23 de noviembre, seguido por Recife y Río de Janeiro. En su libro de memorias, el dirigente comunista y ex diputado constituyente de 1946, Gregorio Bezerra, entonces sargento del Ejército, cuenta que, tras sublevar el 29º Batallón de Cazadores y la 7ª Región Militar, los revoltosos se dirigieron al centro de Recife y llamaron a los ciudadanos a tomar armas para deponer al gobierno varguista. De lo alto de los edificios, muchos aplaudieron los discursos exaltados, pero nadie descendió para tomar las armas. Aislado de la población, el movimiento fue fácilmente reprimido. Los líderes de la ANL fueron arrestados, no sólo los comunistas, como también los demás aliancistas, incluso aquellos que no participaron en la sublevación. Involuntariamente, el levantamiento de 1935 proporcionó las condiciones políticas para que Getúlio Vargas declarase estado de sitio y, pretextando una nueva amenaza comunista, promoviese un golpe de

Estado en noviembre de 1937 e instalase la dictadura del Estado Novo, que perduró hasta 1945.

Incluso contrario y sin participar del movimiento de 1935, Cristiano Cordeiro fue arrestado y despedido de la Secretaría de Hacienda del estado. Liberado un año después, sólo en 1937, consiguió tomar posesión como concejal de Recife. Con el golpe del Estado Novo, Cristiano Cordeiro fue nuevamente preso e intimado a dejar la ciudad. Fugiu para Santos, en São Paulo, donde enseñó en varias escuelas y trabajó en el *Diario de Santos*. Después, se trasladó a Goiás, en el centro-oeste de Brasil. Con el fin de la dictadura, en 1945, el PCB logró su legalización. Por sus posiciones anteriores, Cristiano Cordero fue expulsado del partido en 1947, cuando entonces se recogió a las actividades profesionales. Volvió a Recife en 1948 y logró reasumir sus funciones de funcionario público. Astrojildo Pereira, expulsado del PCB en 1930, volvió al partido con la legalidad en 1945, tras escribir una humillante carta de autocrítica. Sin embargo, permaneció en la condición de miembro suplente del Comité Central hasta su muerte, en 1965, en Río de Janeiro, a los 75 años. Cristiano Cordeiro fue reintegrado al PCB sólo en 1980, a los 85 años. Murió en Recife, en noviembre de 1987, a los 92 años de edad.

La IC fue disuelta por Josef Stalin en 1943, como prueba de buena voluntad a sus aliados en la II

Guerra Mundial. Pero en 1947 comenzó la Guerra Fría y el PCB fue puesto en la ilegalidad, cuando entonces volvió a asumir posiciones de extrema izquierda. Tras el suicidio de Getúlio Vargas, en agosto de 1954, el PCB comenzó a revisar su política ultraizquierdista y apoyó la candidatura del centrista Juscelino Kubitschek a la presidencia de la República, en 1955, en una alianza entre su Partido Socialdemócrata y el Partido Laborista Brasileño, quien nombró vicepresidente al exministro de Trabajo João Goulart.

En 1956, a ejemplo de todos los PC del mundo, el PCB fue sacudido por el informe de Nikita Kruchev, presentado a puerta cerrada durante el XX congreso del PC de la Unión Soviética, en el que el nuevo secretario general denunciaba los procesos jurídicos forjados y asesinatos políticos en el período en que Josef Stalin gobernó el país, de 1922 a 1953. Los comunistas brasileños se vieron forzados a rechazar modelos y a estudiar la realidad brasileña, en busca de un camino propio. En su *Declaración de Marzo de 1958*, el PCB comenzó a adoptar posiciones reformistas. Formuló la posibilidad de una vía pacífica y democrática para el socialismo y se comprometió a actuar en los marcos de la Constitución de 1946. Sin embargo, aún preso a un análisis economicista, seguía poniendo en primer plano la cuestión nacional, es decir, el antiimperialismo, llevándolo a subestimar la defensa de la legalidad democrática. Durante la crisis política que precedió al golpe de Estado de 1964, el PCB incluso sugirió una "solución extraparlamentaria", al mismo tiempo que el entonces diputado Leonel Brizola, del PTB, propuso al presidente João Goulart la clausura del Congreso y la convocatoria de una Asamblea Constituyente para aprobar un programa radical de reformas sociales, una evidente propuesta golpista.

Solo después de la destitución de João Goulart, en su VI Congreso en 1967, el PCB invirtió los términos de la ecuación y pasó a considerar la conquista de la democracia como la cuestión central de la sociedad brasileña, a partir de la cual se abriría una nueva coyuntura para la solución de las cuestiones social y nacional. Rechazó la lucha armada y participó en la fundación del MDB, el Movimiento Democrático Brasileño, que reunía a comunistas, socialistas, laborales, socialdemócratas y liberales en un frente amplio contra el régimen dictatorial. Con el fin de la dictadura en 1985, el PCB reconquistó la legalidad y actuó en la Constituyente de 1987/1988. Sin embargo, víctima de implacable represión y de grandes disensiones internas, además del declive político del modelo comunista soviético, entonces en crisis, el PCB tendrá su influencia cada vez más reducida. En 1992, tras el fin del socialismo real y la disolución de la Unión

Soviética, el PCB se transformó en el Partido Socialista Popular, actualmente partido Ciudadanía.

A partir de 1980, un nuevo actor protagonizará el escenario de la izquierda brasileña: el Partido de los Trabajadores, el PT, confluencia de intelectuales socialistas, militantes de la izquierda católica, nuevos sindicalistas y remanentes de los grupos de extrema izquierda de la década de 1970, participantes de la lucha armada y disidentes del PCB. Estos últimos, educados políticamente en las concepciones leninistas de los bolcheviques en sus diversas variantes, como el maoísmo, el guevarismo y el trotskismo, dominarán el aparato partidista. El PT actuará fuera del frente de oposición a la dictadura, el MDB, y rechazará la Constitución de 1988. Las dificultades de la cúpula dirigente petista en convivir con la institucionalidad democrática del país tal vez sea aún una reverberación en Brasil de las ideas políticas surgidas Revolución Rusa de noviembre de 1917.

Notas

1] El PCB nació bajo la denominación de *Partido Comunista, sección brasileña de la Internacional Comunista.* En su solicitud de registro, adoptó el nombre de Partido Comunista de Brasil y la sigla PCB. Tenía esa denominación en el período en que fue legal, de 1945 a 1947, cuando entonces tuvo su registro cesado. En 1960, cambió su denominación para Partido Comunista Brasileño y mantuvo la sigla PCB. Un ala no aceptó el nuevo programa partidista y, en 1962, fundó un nuevo partido con la antigua denominación de Partido Comunista de Brasil y sigla PCdoB, de orientación maoísta. En 1992, el PCB cambió su denominación a Partido Popular Socialista, sigla PPS. Un ala minoritaria se opuso a los cambios y recreó el Partido Comunista Brasileño, con la sigla PCB.

[2] La novela *El hombre que amaba a perros*, del periodista y escritor cubano Leonardo Padura Funtes, narra los últimos días de Trotsky y su asesinato por Ramón Mercader, en la noche del 21 de agosto de 1940. Otro libro sobre el tema es el *clásico La Segunda Muerte de Ramón Mercader*, del escritor español Jorge Semprun.

[3] Resolución de la Internacional Comunista sobre la cuestión brasileña. La clase obrera, nº 89. 17 abr. 1929. Disponible en:

https://www.marxists.org/portugues/tematica/jornais/classe_operaria/pdf/51_602.pdf

[4] El 5 de julio fue una fecha celebrada por los participantes del movimiento de los tenientes. En ese día, en 1922, se produjo la Revuelta de los 18 del Forte de Copacabana, de jóvenes oficiales que se insurgieron contra el gobierno del presidente Arthur Bernardes. También es la fecha de la Revuelta Paulista de 1924, cuando militares comandados por el general retirado Isidoro Dias Lopes y el mayor de Fuerza Pública de São Paulo Miguel Costa se rebelaron contra el gobierno federal. En octubre de 1924, el capitán Luis Carlos Prestes lideró una nueva rebelión de militares en Santo

Angelo, en Río Grande do Sul. Los jóvenes militares rebeldes, en su mayoría tenientes del Ejército, se reunieron en el sur de Brasil para formar la Columna Prestes-Miguel Costas, que cruzó el país de 1925 a 1927, sin ser derrotado. Los militares pedían un sistema político democrático, con el voto secreto, además de algunas reivindicaciones sociales, como educación pública y la obligatoriedad de la enseñanza primaria.

En 1982, ingresé en el antiguo y entonces ilegal Partido Comunista Brasileño. En esa época había un intenso debate sobre cómo superar el régimen autoritario instalado en 1964. El PCB defendía la unión de liberal-demócratas, socialdemocratas, laboristas, socialistas y comunistas en un frente único para la reconquista del Imperio de la ley. El PCB estaba convencido de que la democracia era precondición para la realización de reformas económicas y sociales que juzgaba necesarias al país.

En 1983, intelectuales llamados eurocomunistas, críticos del autoritarismo del socialismo soviético, fueron expulsados del PCB. Entonces me di cuenta de otro gran debate que se hacía internamente. Aquellos pensadores veían la democracia no sólo como un recurso táctico de conquista del poder, sino también un valor estratégico. Es decir, la democracia no era sólo un medio, sino un fin en sí mismo, un valor universal, patrimonio de la humanidad y parte integrante de los ideales socialistas. Me pasé a interesarme por el tema.

En 1984, moría Enrico Berlinguer, el secretario general del Partido Comunista Italiano, segunda fuerza política de Italia y el mayor representante de la corriente eurocomunista. Vi por televisión la multitud de más de un millón de personas en su funeral, en Roma.

Em 1985, Mijaíl Gorbatchev ascendeu à liderança da União Soviética. Y en 1986 presentaba su programa de reformas democratizantes y modernizantes del socialismo real, conocido por *Glasnost* (transparencia) y *Perestroika* (reestructuración). Gorbachov daba razón al PCI en las críticas al modelo soviético.

En 1987, el PCB hacía autocrítica de la expulsión de los eurocomunistas y pasaba a publicar los textos de ellos y materiales del PCI, entre los cuales una biografía de Berlinguer, ampliando el debate sobre la democracia como valor universal.

En 1988, el periódico del PCB, *Voz da Unidade*, reprodujo una entrevista de Alexander Dubchek al *L'Unitá*, diario del PCI, por el transcurso del 20 aniversario de la Primavera de Praga, un intento de democratización y modernización del socialismo en Checoslovaquia, experiencia interrumpida por la invasión de los tanques del Pacto de Varsovia, en 1968.

En 1989, fui a hacer una especialización en artes gráficas en la Academia de Artes, Arquitectura y Diseño de Praga. He seguido de cerca las manifestaciones que llevaron al fin del régimen comunista en Checoslovaquia, así como las noticias sobre la acción del sindicato Solidaridad en Polonia, la apertura de las fronteras en Hungría y la caída del Muro de Berlín, en la antigua Alemania Oriental, comunista.

En 1990, habiendo aprendido la lengua checa, acompañé con interés los debates que se establecieron en el país cuando se celebró la primera elección libre tras el comunismo. Muchas de las discusiones sobre la economía, la política y los rumbos que Checoslovaquia debería seguir, entre ellos la integración a la Comunidad Europea. Los puntos de la historia del país colocados debajo de la alfombra vinieron a la superficie en debates, exposiciones, libros, revistas, periódicos y documentales en la televisión y en el cine. La Primavera de Praga, cuyo lema era el "socialismo de cara humana", fue objeto de muchos debates, artículos, libros y documentales.

En agosto de 1991, de vacaciones, en el camino a Lisboa para asistir a las celebraciones de *Avante!*, periódico PC Portugal, siguí la noticia del golpe contra Gorbachov, patrocinado por los comunistas ortodoxos y que precipitó la desintegración de la Unión Soviética. En la fiesta de los comunistas portugueses, especialmente entre los jóvenes, el debate estaba en plena ebullición. El PCP soltó una nota en apoyo al golpe contra Mijaíl Gorbachov, mientras que la nota traída por los representantes del PCB era solidaria al líder depuesto.

En 1992, concluí los estudios en Praga y regresé a Brasil. El PCB se había transformado en el PPS. Un ala minoritaria, formada por los ortodoxos, recreó el antiguo partido. Decidí dejar la militancia partidista y dedicarme íntegramente al periodismo y al cartunismo. Pero, desde entonces, he buscado comprender aquellos acontecimientos de mi tiempo de militante.

Así, a propósito del centenario de la Revolución Rusa de 1917, resolví escribir los ensayos de esta publicación. Es un esfuerzo de reflexión a partir de la vivencia de un ex militante, de reuniones, análisis, evaluaciones, discusiones, debates, estudios y lecturas sobre la experiencia inaugurada en noviembre de 1917.

Espero que estas reflexiones puedan servir para ayudar en el entendimiento del mundo de hoy.

9 - AGRADECIMIENTO PÓSTUMO AL PROFESOR RUY FAUSTO

Al enterarme de la muerte del profesor Ruy Fausto el 1 de mayo de 2020, a los 85 años, en París, quedé consternado. Según la noticia, sufrió un infarto mientras tocaba el piano [1].

Recordé un cordial diálogo que mantuvimos en abril de 2011, sobre un artículo suyo titulado "En torno a la insurrección de 1917 y los primeros seis meses del poder bolchevique", publicado en dos partes en la revista *Febrero* [2]. Me enteré de la revista en marzo de 2010 por las noticias en *Folha de S. Paulo* sobre su lanzamiento. Accedí al sitio web de la revista y me gustó principalmente por su perspectiva democrática.

Decidí escribirle al profesor Ruy Fausto sobre algunas cuestiones relativas a la toma del poder por los bolcheviques en 1917. Como homenaje y agradecimiento póstumo a él, me tomé la libertad de reproducir aquí los tres correos electrónicos que intercambiamos. Mientras debatimos temas públicos de interés general, hago públicos sus mensajes.

El 26/04/2011, le envié el siguiente texto al profesor:

Me gustaría felicitarlo por su hermoso texto sobre la revolución de 1917. Me gustaría que me permitiera hacer algunas preguntas:

1. Según los bolcheviques, la insurrección de octubre se sostendría como el primer paso que allanaría el camino para una revolución social en toda Europa. Tal premisa resultó ser falsa. Ante esto, incluso con Lenin, los bolcheviques comenzaron a hablar de la construcción del "socialismo en un solo país".

2. La tradición bolchevique suele atribuir el fracaso de una revolución mundial a las posiciones reformistas de los líderes socialistas en los países centrales del capitalismo, Alemania, Inglaterra, Francia. Pero, si hubiera una situación verdaderamente revolucionaria, ¿esos líderes no habrían sido atropellados por los comunistas, con apoyo popular, como lo que dices que sucedió en Rusia?

3. ¿Fue realmente inevitable la Guerra Civil? ¿Fue la toma del poder por los bolcheviques el hecho que desencadenó la guerra civil? Hobsbawn escribe que no había alternativa a que los bolcheviques tomaran el poder. O hicieron la insurrección o el país caería en manos del ejército alemán. Y que los bolcheviques eran la única fuerza política capaz de organizar el caos en Rusia. Hobsbawn critica, sin embargo, la prohibición de otros partidos socialistas que formaban parte de los soviets, así como el cierre de la Asamblea Constituyente. Y también la creación de la Internacional Comunista en 1919, que provocó la división del movimiento obrero europeo y un mayor aislamiento internacional de los bolcheviques.

4. Esta división, más la bolchevización de los partidos comunistas, con su política sectaria de buscar nuevas insurrecciones, de denunciar a la socialdemocracia como el principal enemigo del movimiento obrero, no habría facilitado el ascenso del fascismo en varios países, ya ¿1923 en Italia y una década después en Alemania?

5. Admitiendo que la Guerra Civil habría estallado incluso con la continuación del Gobierno Provisional, dado que el general Kornilov preparó la contrarrevolución, dispuesto a restaurar el orden zarista, su costo político, militar y social habría sido el mismo que el de la ¿Los bolcheviques como partido único en el poder? ¿Hubiera sido más pequeño con una coalición liberal-menchevique-bolchevique?

6. ¿Cuáles son las verdaderas causas de la gran hambruna que mató a millones de rusos después de octubre? ¿Fue la gran sequía que afectó al país? ¿Cuál es la contribución del aislamiento internacional e interno de los bolcheviques al agravamiento de la situación? ¿No ha sido desastrosa la política económica del "comunismo de guerra" para los millones de ciudadanos rusos?

7. ¿No fue la NEP un reconocimiento tardío de los bolcheviques de que, de hecho, como era la posición de varios grupos mencheviques, Rusia no estaba lo suficientemente desarrollada para una revolución socialista? Es decir, ¿que el capitalismo aún no estaba lo suficientemente maduro, que no había bases materiales para el adelantamiento socialista? ¿Y que no había una clase trabajadora extensa y desarrollada capaz de sostener verdaderamente la construcción de una sociedad socialista? Entonces, ¿el gigantesco y atrasado campesinado ruso, muy superior en número a la clase obrera urbana, no ha provocado el florecimiento del fenómeno del estalinismo?

8. Después de toda la experiencia soviética, con la caída de 1991, ¿no se ha demostrado históricamente que los reformistas estaban más cerca de la realidad? Si la revolución rusa de febrero se hubiera afirmado como revolución democrática avanzada, ¿podría Europa haber evitado el fascismo y construido ya en la década de 1930 la democracia de masas y el bienestar social que surgieron en Occidente después de la Segunda Guerra Mundial? ¿Por qué siguen luchando los países del este, incluida Rusia, en la actualidad?

Es un tema apasionante. Y por eso estoy esperando la segunda parte de tu artículo.

El 14 de mayo de 2011, recibí un mensaje del maestro:

Perdón por la demora en esta respuesta. He estado muy ocupado, tanto con los asuntos personales, como con la preparación del número 3 [de la revista Febrero], que, afortunadamente, ya está saliendo. Como todavía estoy en una carrera en estos tres días, y su carta merece una respuesta cuidadosa, le envío este mensaje rápido anunciando uno más grande en unos pocos días.

Abrazo muy cordial.

El 22 de mayo de 2011 Ruy Fausto me respondió con importantes sugerencias de lectura.

Me haces varias preguntas que implicarían retomar todo el tema. Lo que solo puedo hacer aquí de forma limitada. Pero veo, por sus preguntas, que estamos más o menos en el mismo registro, el de quienes intentan comprender críticamente y sin prejuicios (incluso los "bien" asentados) la historia de los años 1917/1918, en Rusia.

Recomiendo leer los buenos libros al respecto, porque, después de todo, ya hay una gran cantidad de buenos libros, muchos ya traducidos al portugués.

Lo más importante, a mi modo de ver, es A People's Tragedy, the Russian Revolution 1894-1924, *de Orlando Figes, si no me equivoco. Salió en portugués. Es un libro hermoso, muy bien escrito, brillante, escrito por un estudiante universitario de izquierda, crítico del bolchevismo.*

Hay otros libros importantes, algunos de los cuales señalo en mis textos (además del artículo, si quieres, mira mi libro La izquierda difícil, *editado por Perspectiva, 2008).*

Empiezo con la guerra civil. Figes dice muy bien que una guerra civil, en un momento determinado, era más o menos inevitable. Pero puede que no sea la guerra civil absolutamente horrible que tuvo lugar. Como dice el autor de The Russian Civil War *(ver la declaración completa en mi artículo), es más cierto que la guerra civil provino de la represión que al revés. No desarrollaré esto aquí, porque fue el tema de mi artículo (la segunda parte saldrá, en unos días más, en el número 3).*

El gobierno de Samara, la primera institución izquierdista anti-tbolchevique posterior a octubre, dependía políticamente de los líderes socialistas revolucionarios (incluidos muchos miembros de la Asamblea Constituyente) a quienes los bolcheviques habían reprimido.

En cuanto al argumento de Hobsbawn, es necesario distinguir "derrocamiento del gobierno provisional" y "revolución bolchevique". Todos, o casi todos, de la izquierda estaban convencidos de que sería necesario derrocar, o al menos reemplazar, al gobierno provisional. Pero todos querían "el gobierno del soviet" y no el gobierno bolchevique. Esto es bastante claro. Lea el artículo de Nicolas Werth, que forma parte del libro (creo que también ya ha sido traducido), sobre el "quickroquó" de octubre: El Libro Negro del Comunismo. *(No te asustes por el título. El libro fue hecho por gente de izquierda, como Werth, pero también de derecha, y hubo una pelea interna al respecto. Todo esto puede interesar, pero importa más el hecho de que El artículo de Werth es muy bueno, excepcional en verdad. Entre los otros artículos hay cosas buenas. Otros menos. Es el prefacio de Courtois el que es muy debatible).*

Sobre el papel de la socialdemocracia, sería necesario profundizar en esto. Ver un poco en mi "Hacia un equilibrio de los movimientos revolucionarios ..." (o algo así), todavía en La Izquierda Difícil. *Creo que la socialdemocracia tuvo cosas buenas y malas. Algunas muy malas. Esto también es cierto para los socialdemócratas rusos (Mártov era muy bueno, incluso quería el fin del gobierno provisional, pero no quería la dictadura bolchevique; otros socialdemócratas se dejaron llevar por la idea de la necesidad de una alianza con los liberales, una ilusión en esas condiciones).*

Pero globalmente, el proyecto del socialismo democrático permanece. En este sentido, a pesar de los errores y crímenes de la socialdemocracia, se puede decir que la socialdemocracia fue mejor.

Para estos problemas, que son los problemas generales de la izquierda, me permito hacer referencia a un texto extenso que comienzo a publicar en febrero, en el número 3.

Sobre las otras preguntas: no creo que debas insistir en argumentos marxistas ortodoxos como "la situación no estaba madura", etc. No existen exactamente, al menos en este sentido, "situaciones maduras". Estas expresiones, al menos como se usan a menudo, se refieren a una visión marxista hiperdeterminista de la historia, que ya no sirve.

La hambruna comienza ya bajo el bolchevismo, y en gran parte a causa de él. Pero del bolchevismo al estalinismo la diferencia es grande (lo que no significa exonerar al primero). Véase Werth (y las indicaciones bibliográficas que da) para conocer los elementos para juzgar el genocidio de los campesinos a principios de la década de 1930. Literalmente programado para liquidar la resistencia campesina. En cualquier caso, el régimen estalinista (por "culpa" o "intención", probablemente una mezcla de los dos) fue el responsable.

Con la NEP, los bolcheviques hacen lo que los men-sheviques venían diciendo, más o menos desde 1918, que era necesario hacer. Fue un respiro, pero muy contradictorio, porque la represión no ha cesado.

Bueno, aquí es donde me quedo. Agradeciendo, una vez más, su interés en nuestra revista, y esperando que nos mantengamos en contacto, un abrazo muy cordial.

Estas consideraciones del profesor Ruy Fausto, así como la bibliografía indicada por él, me motivaron a escribir algunos textos sobre la Revolución Rusa durante su centenario en 2017. Animado por Luiz Sérgio Henriques, traductor de la obra del italiano Antonio Gramsci en Brasil y editor del sitio web Gramsci eo Brasil, completé los textos y decidí transformarlos en este libro electrónico. Este trabajo tiene una perspectiva democrática, de alguna manera también influenciada por la contribución del profesor Ruy Fausto, a quien doy las gracias póstuma y públicamente.

Notas

[1] El filósofo Ruy Fausto, uno de los principales teóricos del marxismo, muere a los 85 años.
https://tinyurl.com/y979oxhu
[2] Febrero, núms. 2 y 3
http://www.revistafevereiro.com/index.php

10 - BIBLIOGRAFÍA CONSULTADA

ALMEIDA, Francisco Inácio e MARTINS, Júlio. *O reencontro da esquerda democrática e a nova política*. Brasília: Fundação Astrojildo Pereira, 2014.

ASCHER, Abraham. *The Mensheviks in the Russian Revolution*. Thames & Hudson, London, 1976, pp. 111 – 117. Citado en:

https://spiritofcontradiction.eu/bronterre/2012/08/11/what-is-to-be-done-the-menshivik-programme-july-1919

CARONE, Edgar. *Brasil, anos de crise, 1930-1945*. São Paulo: Editora Ática, 1991.

BANDEIRA, Luiz Alberto Moniz Bandeira. *O Ano Vermelho. A Revolução Russa e Seus Reflexos no Brasil*. Rio de Janeiro: Civilização Brasileira, 2017.

BASBAUM. Leôncio. *Uma vida em seis tempos (memórias)*. São Paulo: Editora Alfa Omega, 1976.

BEZERRA, Gregório. *Memórias*. 1.ed. Rio de Janeiro: Civilização Brasileira, 1979.

BRANDÃO, Gildo Marçal. *A Esquerda Positiva: as Duas Almas do Partido Comunista-1920/1964*. São Paulo: Editora Hucitec, 1997.

BRANDÃO, Octavio. *Combates e Batalhas*. São Paulo: Editora Alfa Omega, 1978.

DICIONÁRIO HISTÓRICO-BIOGRÁFICO BRASILEIRO PÓS-1930. 2ª ed. Rev. e atualiz. Rio de Janeiro: Ed. FGV, 2001.

DULLES, John W. F. *Anarquistas e comunistas no Brasil – 1900 -1935*. Rio de janeiro: Nova Fronteira, 1977.

FERREIRA LIMA, Heitor. *Caminhos Percorridos. Memórias de militância.* São Paulo: Brasiliense, 1982.

FINGES, Orlando. *A tragédia de um povo. A Revolução Russa 1891-1924.* Rio de Janeiro: Editora Record, 1999.

GASPAR, Lúcia. Cristiano Cordeiro. Pesquisa Escolar Online, Fundação Joaquim Nabuco, Recife. Disponible en: http://basilio.fundaj.gov.br/pesquisaescolar/ Acceso en 21 fev. 2012.

GETZLER, Israel. *Martov – A Political Biography of a Russian Social Democrat.* Cambridge Univesity Press/ Melbourne University Press, 2003.

GORBATCHEV, Mikhail. *Perestroika, novas ideias para o meu país e o mundo.* São Paulo: Editora Best Seller, 1987.

HEGEDÜS, András. *A construção do socialismo na Rússia, o papel dos sindicatos, a questão camponesa, a Nova Política Econômica.* In: *História do Marxismo.* Rio de Janeiro; São Paulo: Paz e Terra, 1986. v. VII.

HOBSBAWM, Eric. *A Era dos Extremos. O breve século XX.* 1.ed. São Paulo: Companhia de Letras, 1995.

JUDT, Tony. *Pós-Guerra: Uma história da Europa desde 1945*. Rio de Janeiro: Objetiva, 2008.

KONDER, Leandro. *Astrojildo Pereira: o Homem, o Militante, o Crítico*. In CARONE, Edgar et alli. *Astrojildo Pereira - Memória e História*. Livraria Editora Ciências Humanas, São Paulo, 1981.

MONDAINI, Marco. *Do stalinismo à democracia. Palmiro Togliatti e a construção da via italiana ao socialismo*. 1.ed. Rio de Janeiro: Fundação Astrojildo Pereira e Contraponto Editora, 2011.

PERALVA, Osvaldo. *O Retrato*. São Paulo: Publifolha, 2015.

PEREIRA, Astrojildo. *Construindo o PCB (1922-1924)*. (ORG). ZAIDAN, Michel. São Paulo: Livraria Editora Ciências Sociais, 1980, pg. 17.

PINTO LYRA, Rubens. *Kautsky, Lênin e o Comunismo Soviético*. Cronos: Revista de Pós-Graduação de Ciências Sociais. UFRN, Natal, v. 14, n.1, p.137 – 163, jan./jun. 2013.

______________________. *As lições do Leste*. In: COSTA SOBRINHO, Pedro Vicente Costa Sobrinho (organizador). *Reflexões sobre a desintegração do comunismo soviético*. Natal: Cooperativa Cultural da UFRN- Editora Alfa-Omega, 1995.

SCHÜTRUMPF, Jörn. *Rosa Luxemburgo ou o preço da liberdade*. São Paulo: Fundação Rosa Luxemburgo, 2015.

SEGATTO, José Antonio et alii. *PCB, 1922-1982, Memória Fotográfica*. 2ª edição. São Paulo: Brasiliense, 1982.

SEGATTO, José Antonio. *Reforma e Revolução. As Vicissitudes Políticas do PCB. 1954-1964*. Rio de Janeiro: Civilização Brasileira, 1995.

SOUZA BARROS et alli. *Cristiano Cordeiro - Memória e História*. Livraria Editora Ciências Humanas, São Paulo, 1982.

Tchecoslováquia - Revista Civilização Brasileira. Rio de Janeiro: Civilização Brasileira, 1968.

VINHAS, Moisés. *O Partidão*. 1.ed. São Paulo, Editora Hucitec, 1982.

ZEIDAN, Rodrigo. *Paradoxos da China: Lições das reformas microeconômicas*. Folha de São Paulo. 23 ago. 2017. Disponible en: http://temas.folha.uol.com.br/paradoxos-da-china/analise/licoes-das-reformas-microeconomicas.shtml#s01e05

Cláudio de Oliveira es periodista por la Universidad Federal de Rio Grande do Norte, con especialización en artes gráficas en la Academia de Artes, Arquitectura y Diseño de Praga, República Checa.

Comenzó a publicar caricaturas, dibujos y cómics en 1975 en la revista *Maturi*, del Grupo de Investigación en Historia de Cómics y a partir de 1976 en el diario *Tribuna do Norte*. Colaboró con varios periódicos y revistas del país, entre ellos *O Pasquim*, *Careta*, *Em Tempo*, *Voz da Unidade* y *Folha de S. Paulo*. En 1993, pasó a hacer caricaturas políticas diariamente en la *Folha da Tarde* y, desde 1999, es chargista del diario *Agora São Paulo*.

Ganó varios premios, entre ellos el Premio Vladimir Herzog de los Derechos Humanos de 1996, en la categoría arte; el Trofeo HQ Mix de 1999 de mejor libro de caricaturas; y la Medalla Angelo Agostini de mejor chargista de São Paulo, en 2002.

Publicó los libros de caricaturas *O que vier eu traço*; *Já era Collor*; (en coautoría); *Pittadas de Maluf*; *Lula, ano um*; *Pizzaria Brasil*. Es autor de los libros electrónicos de humor *Como estou dirigindo?*; *Mensalão, rir para não chorar*; *Humor do Impeachment*; *O Cara e a Coroa*; e *Pau e Circo*.

chargistaclaudio@uol.com.br

https://chargistaclaudio.blogspot.com.br/

https://www.facebook.com/Jornalista-Cl%C3%A1udio-de-Oliveira-2246870545358921/chargistaclaudio@uol.com.br

https://chargistaclaudio.blogspot.com.br/

https://www.facebook.com/Jornalista-Cl%C3%A1udio-de-Oliveira-2246870545358921/

* 9 7 9 8 7 9 0 4 7 2 3 7 4 *